つる・木の枝・樹皮で楽しむ
自然素材のバスケタリー
Basketry

真木 雅子著

芭蕉を使ったかご／解説92ページ

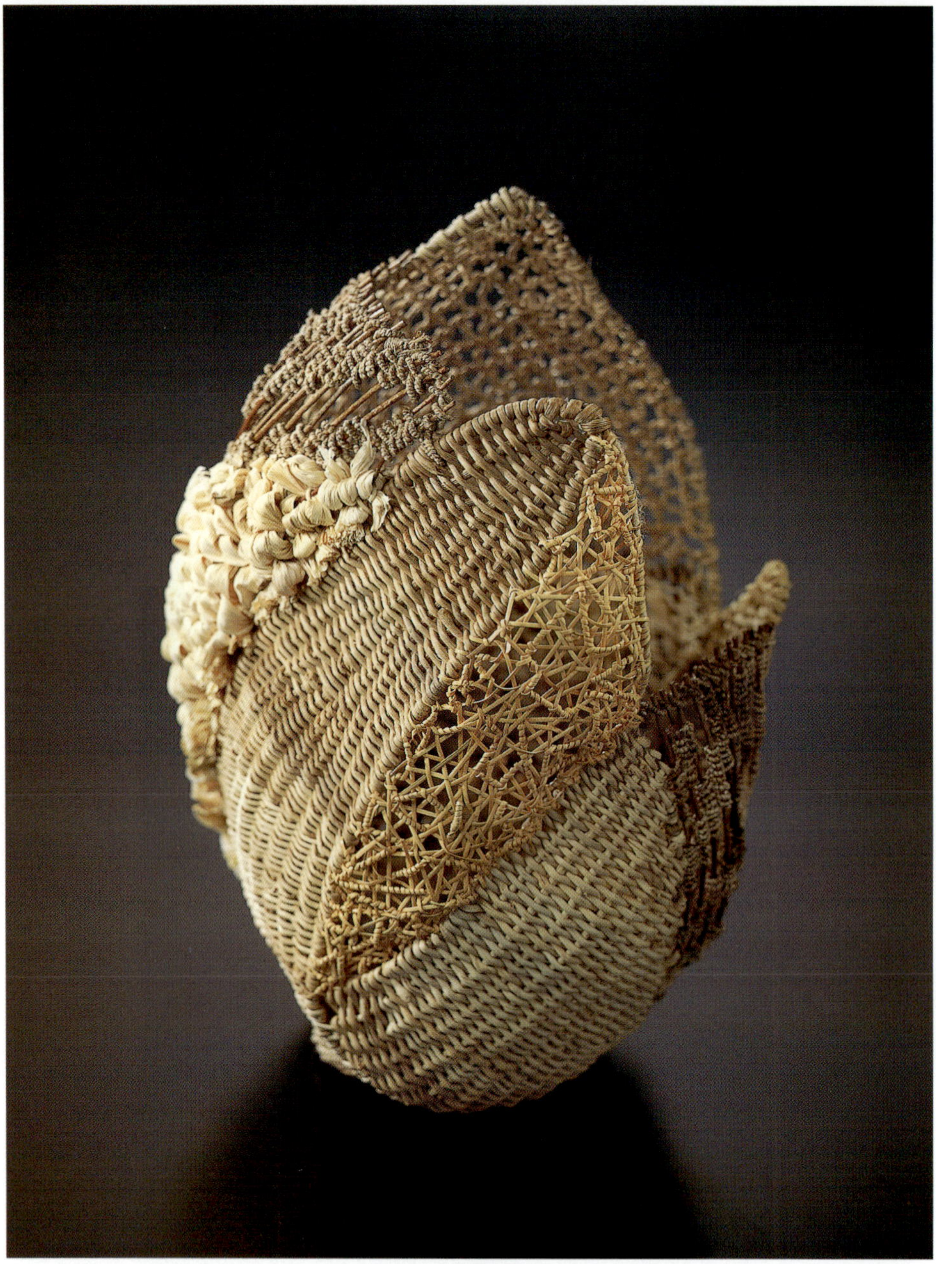

Variation

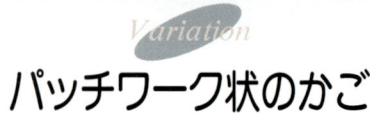

パッチワーク状のかご

骨組みを作り、形とブロックができたところで、
ひとつずつ素材やテクニックを考えながら作りました。
シルエットのきれいな楽しいかご。

作り方／48・49ページ

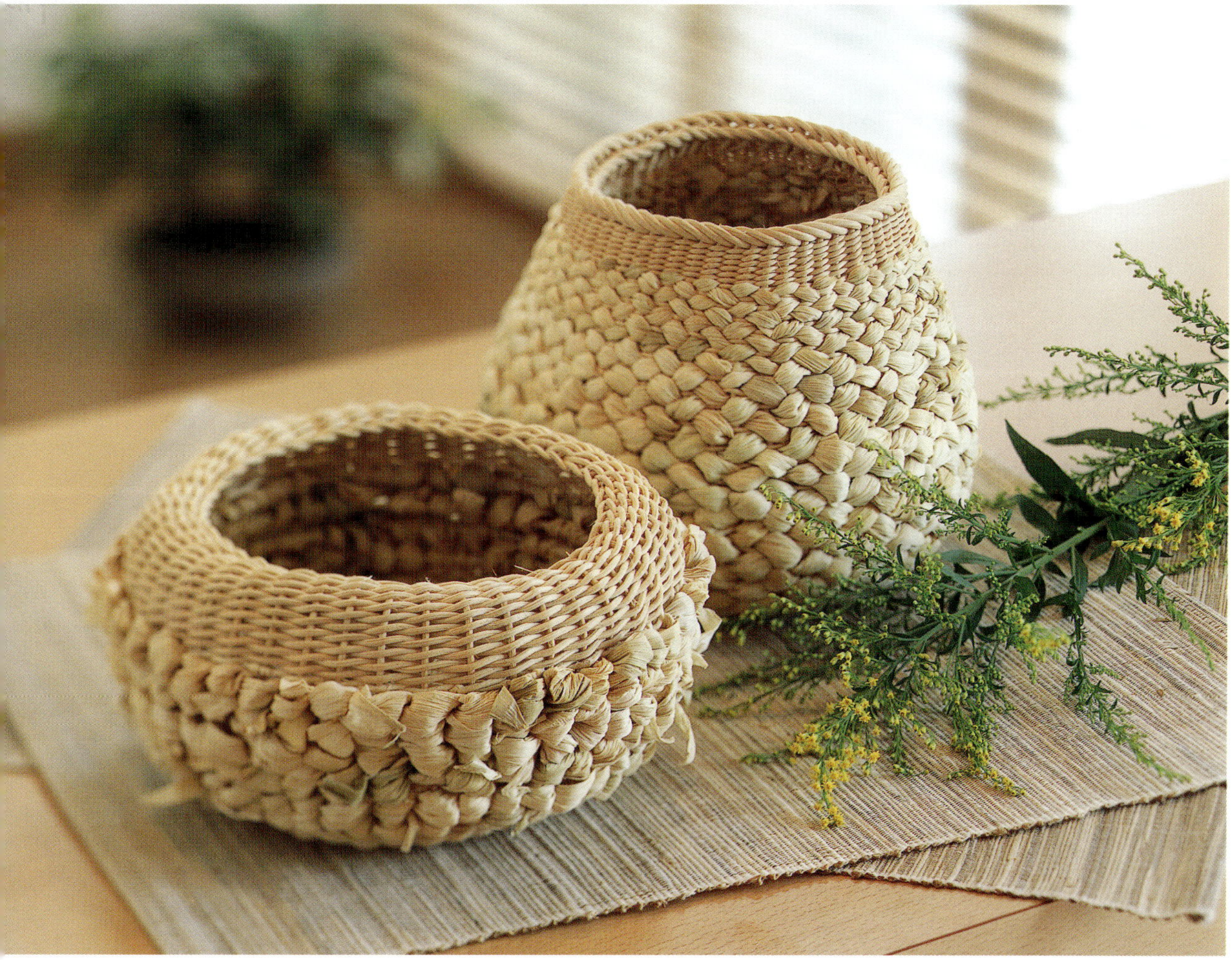

Weaving

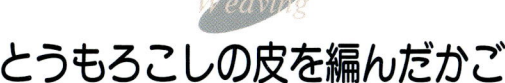

とうもろこしの皮を編んだかご

柔らかなトウモロコシの皮で、ふかふかに編みました。
素材の持ち味が生かされた可愛いかご。

作り方／50・51ページ

Weaving
縁飾りのかご

パームやしの縁飾りが
可愛らしさを醸し出しています。
シンプルで使いやすいかご。

作り方／52〜55ページ

Weaving

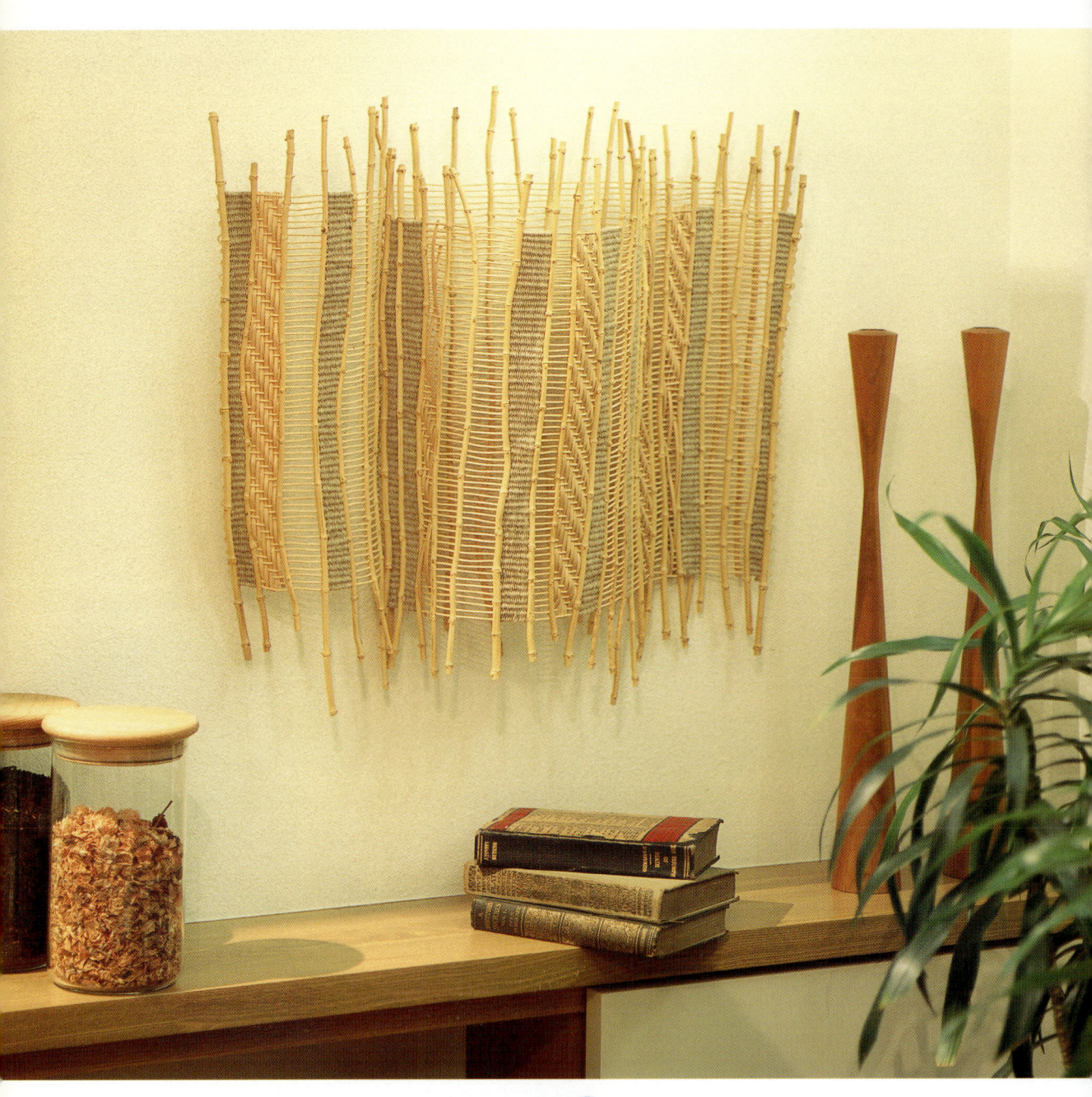

竹の根のレリーフ

素材の美しさが際立つように
テクニックはできるだけシンプルにまとめました。
透き間の美しさがポイントです。

解説／93ページ

木の枝のタペストリー

からむしをたて糸に使っています。
野山を彩るいろいろな素材を織り込んで
かごを作る人が作ったタペストリー。

作り方／56・57ページ

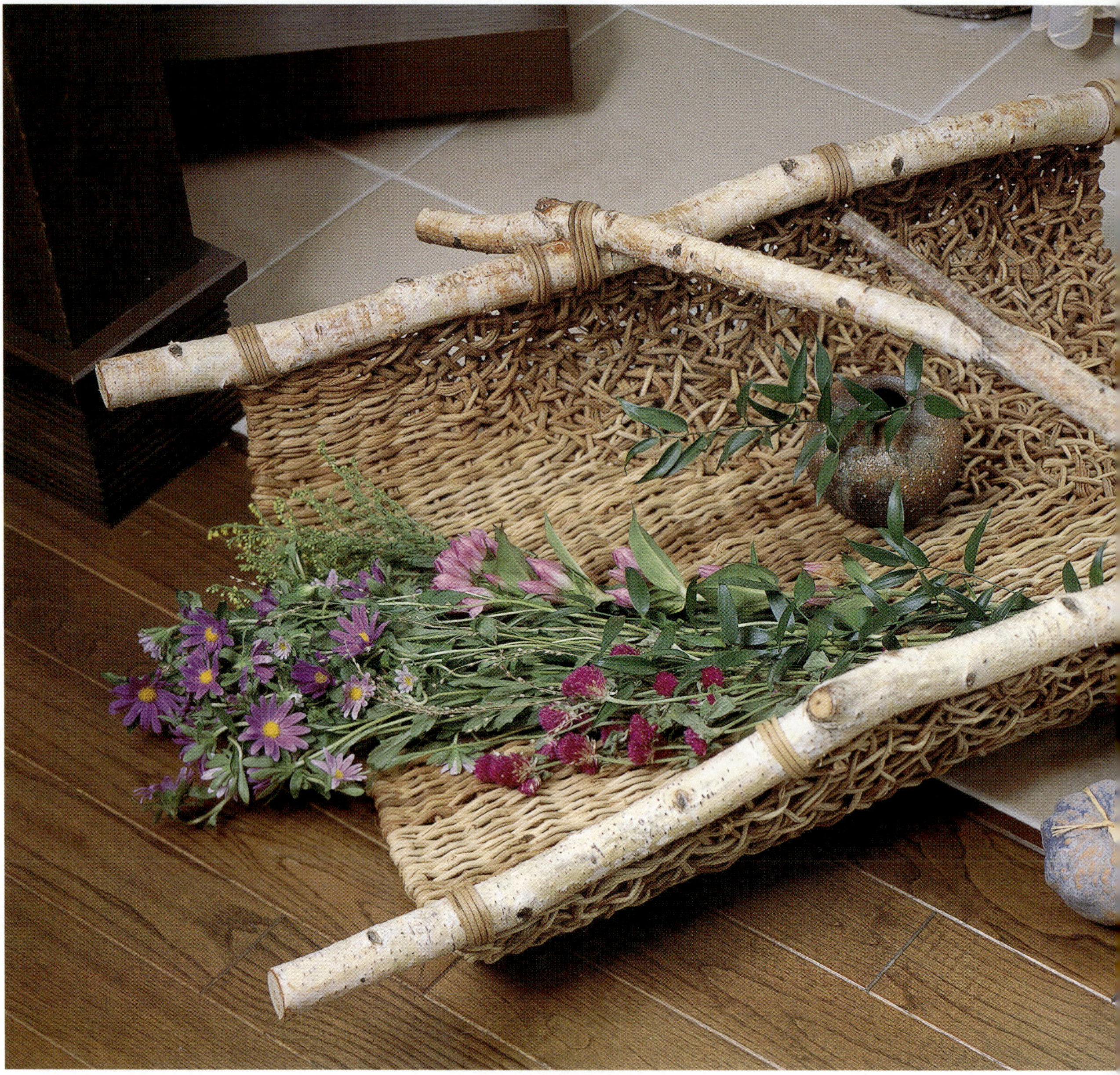

Weaving

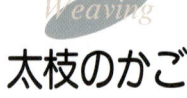

太枝のかご

美しい木の枝に魅せられて編んだかご。こんな形になりました。
マガジンラックにも使えそう。

作り方／60ページ

太づるの皿

山ぶどうの太づるに、
素編みとみだれ編みをバランスよく編んだ皿。
どちらかひとつの編み方でまとめても素敵です。

作り方／58・59ページ

Weaving

白樺の枝のかごⅠ

白樺と生成りの編み糸の素敵なハーモニー。
ワイヤーに麻や芭蕉を巻き込んだものを編み込んで
アクセントにしています。

短い枝のかご　二又のかご
作り方／62・63ページ
プロセス40ページ参照

白樺の枝のかごⅡ

枝の形に合わせて編んだかご。
どんな形の枝もかごづくりに生かして。

皿　作り方／61ページ

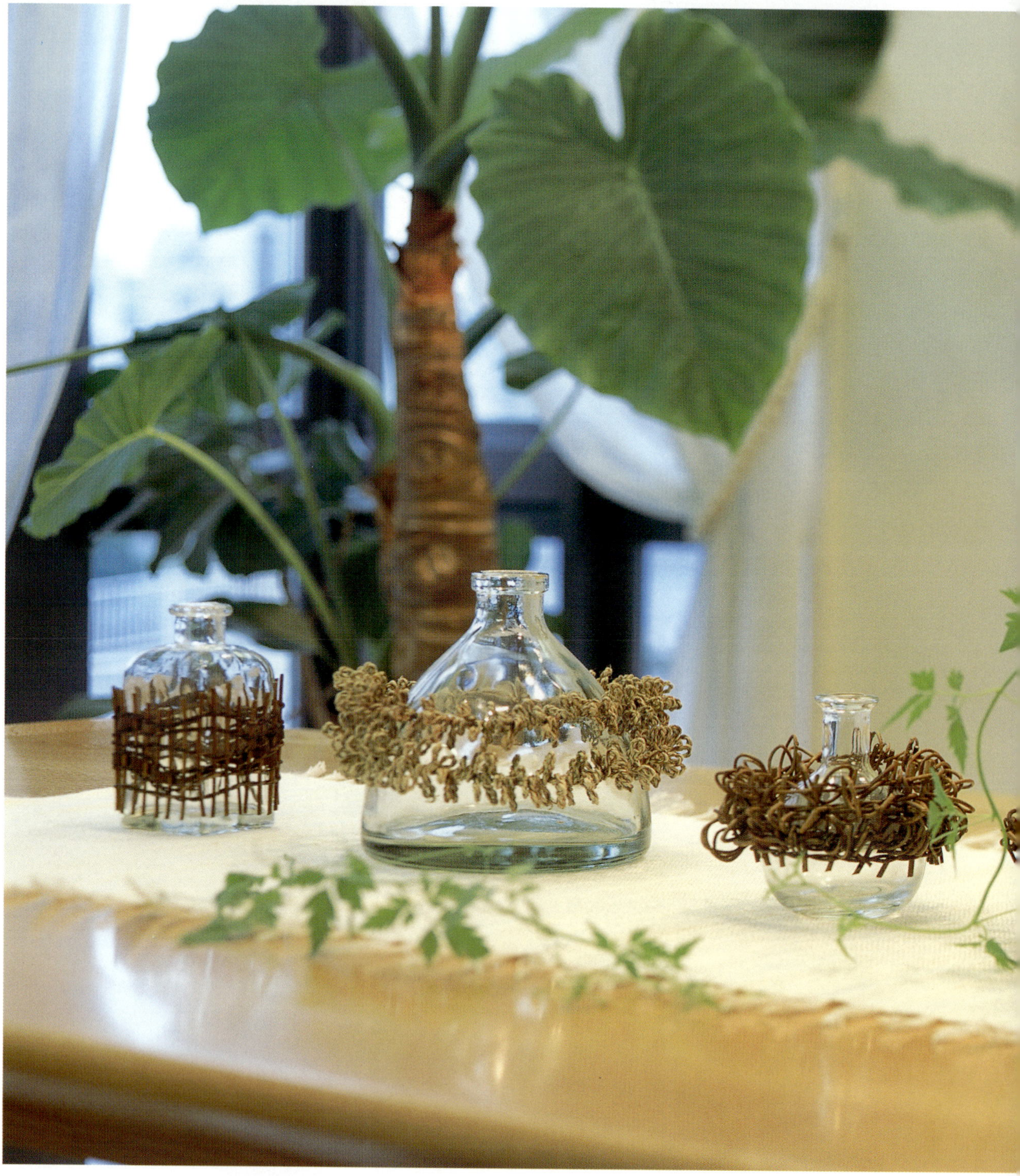

Variation

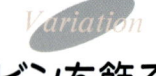

ビンを飾る

可愛いビンにちょっとだけバスケタリー。
私だけのインテリアグッズができました。

作り方／90・91ページ

Weaving

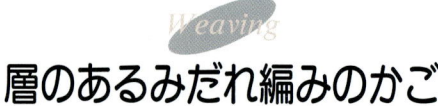

層のあるみだれ編みのかご

かごの面を層にしてみたら、こんな重厚な感じになりました。
大切に使いたいかご達です。

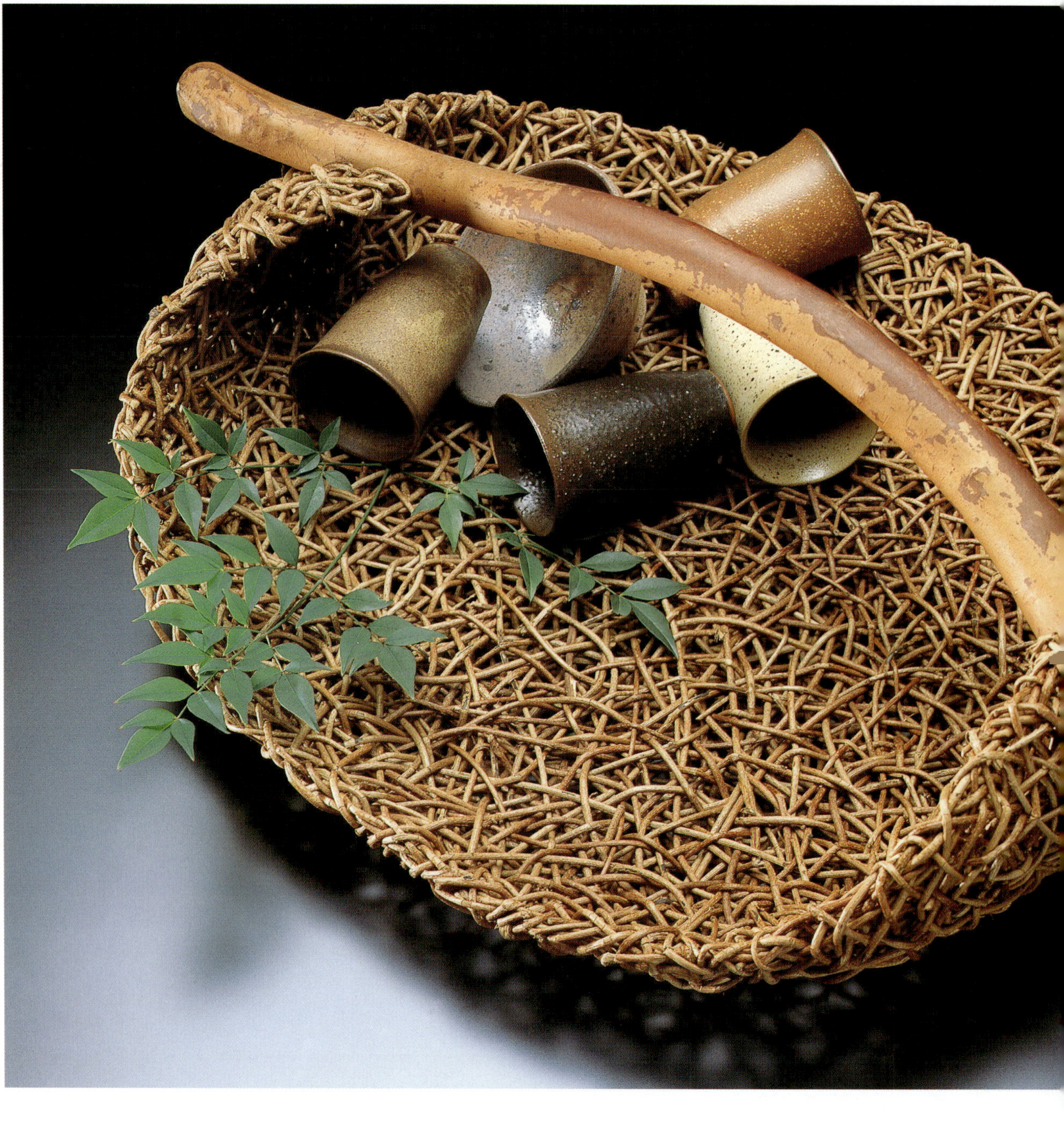

作り方／64・65ページ
プロセス38ページ参照

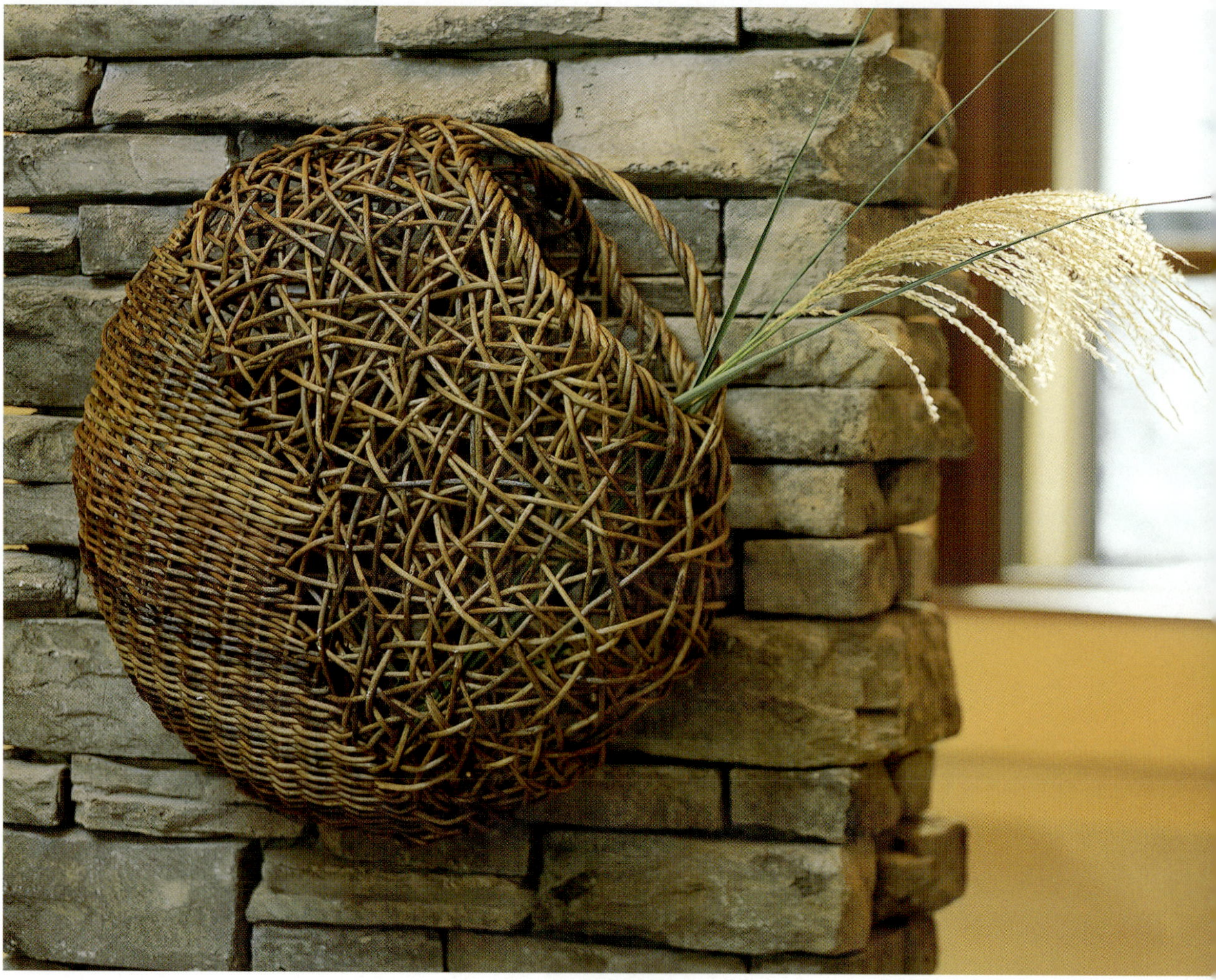

Weaving

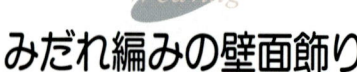

みだれ編みの壁面飾り

型に合わせて編むので作りやすく、
形や大きさを変えて作ってみると楽しいでしょう。
つづら藤でラフな感じに編み上げました。

作り方／66・67ページ

太づるのかご

山ぶどうの太づるでみだれ編みしたかご。
球型が可愛い。

作り方／68ページ

Weaving
小枝の灯り

白樺の小枝があまりに美しいので
そのままの姿を生かしてまとめました。
帯状の素材を編み込んで形作ります。

作り方／70・71ページ

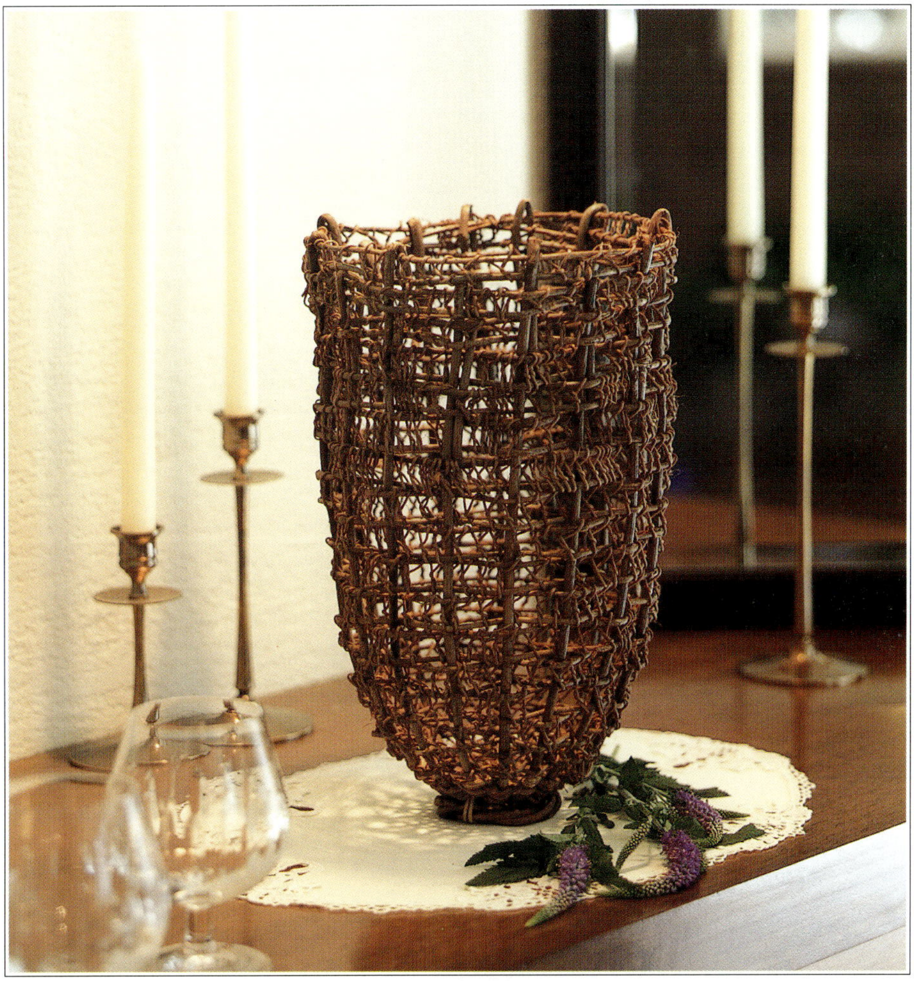

Weaving

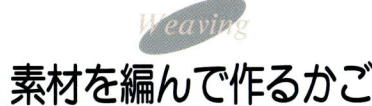

素材を編んで作るかご

あらかじめ帯状の素材を編んでおきます。
たて芯に編み込むと
美しいかごになりました。

作り方／69ページ

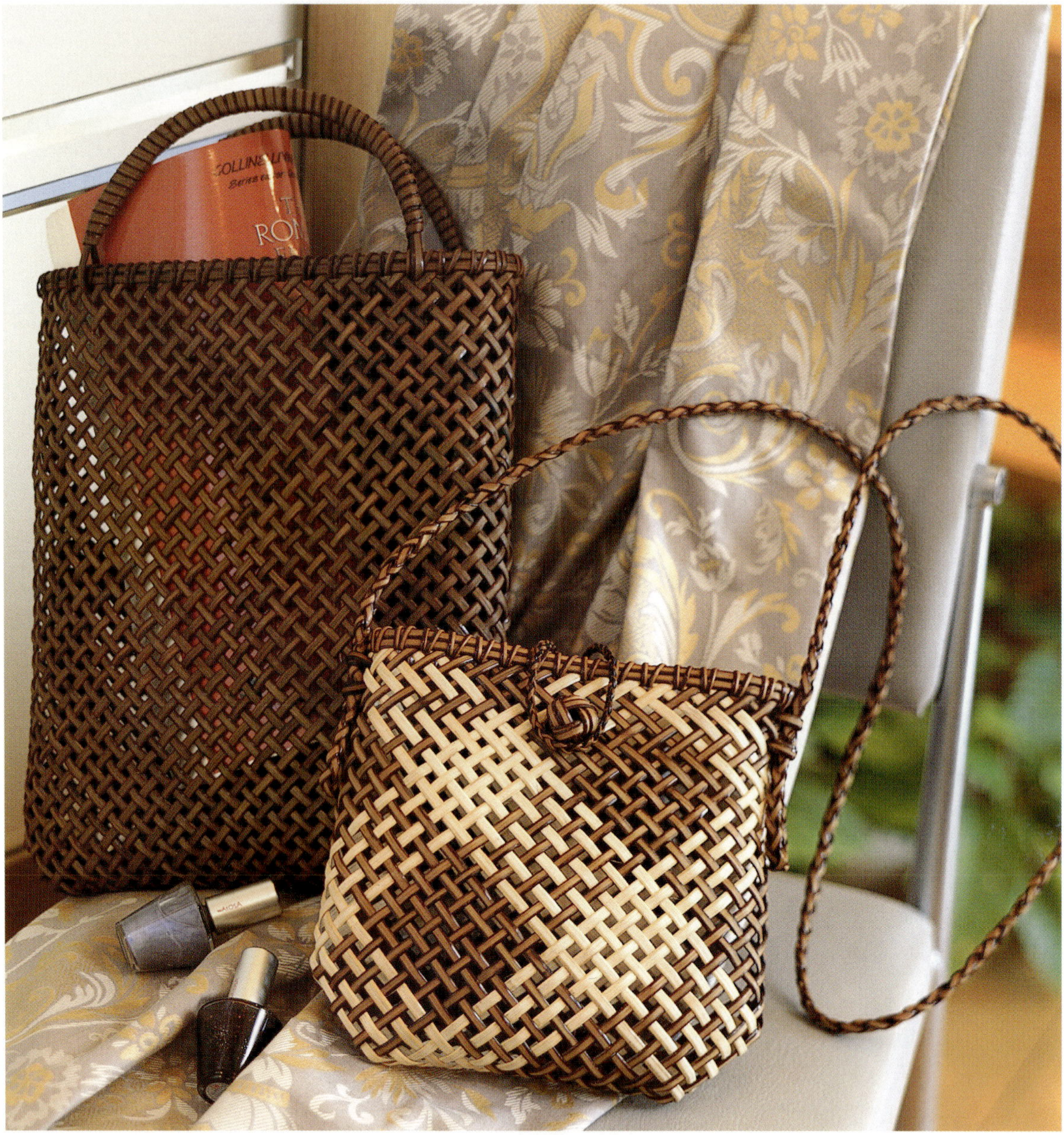

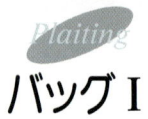

Plaiting

バッグ I

組みのバッグと使いやすいポシェット。
バッグの持ち手は同素材で巻いたものを、
ポシェットは四つ組みで組んだものを使いました。

バッグ（茶）　作り方／73ページ
組みのポシェット／プロセス42ページ参照

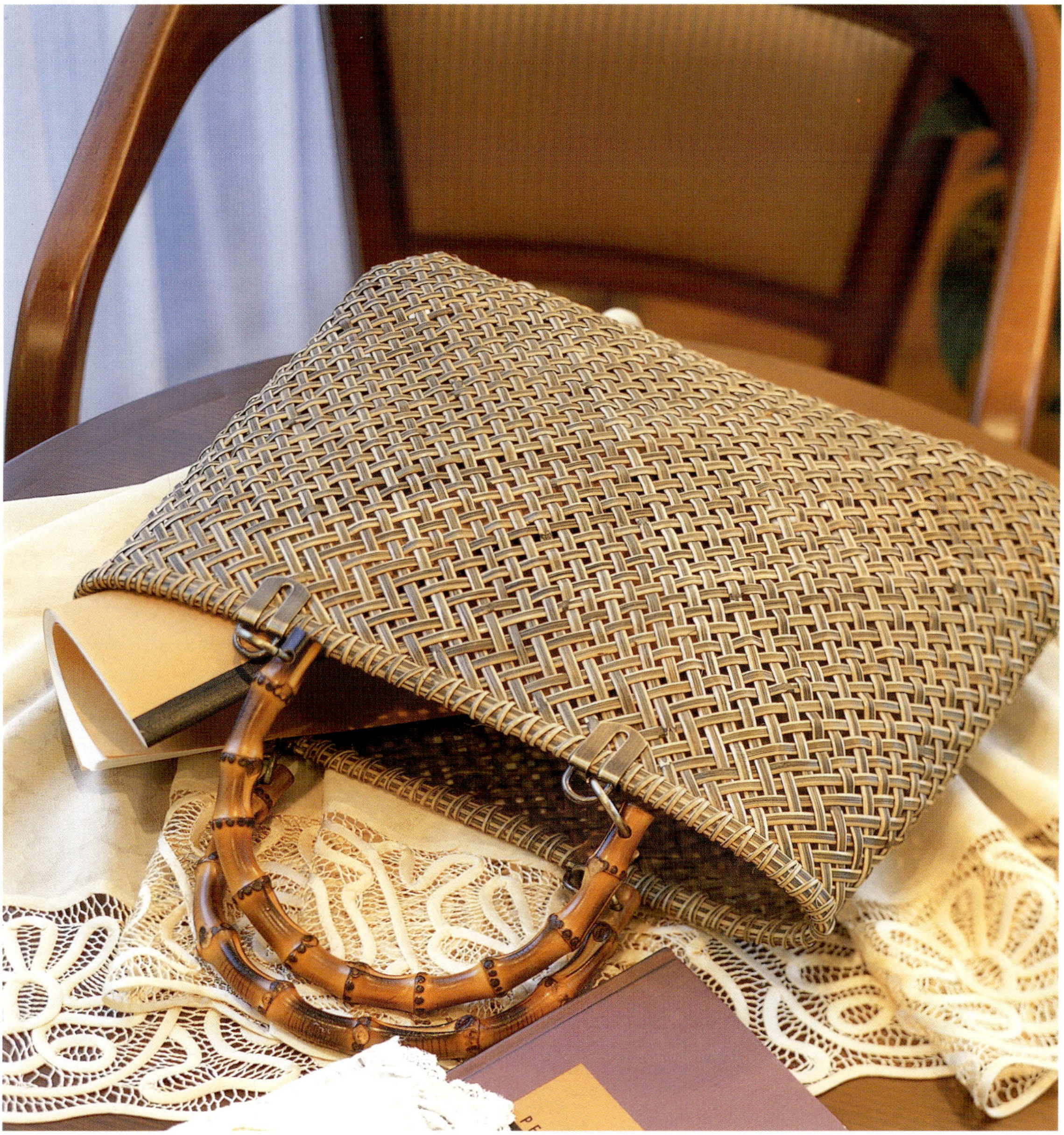

Plaiting

バッグII

組むという伝統的なテクニックで
モダンなバッグを作りました。
美しい編み目が生かされてお洒落な雰囲気。

バッグ(グリーン)　作り方／72ページ

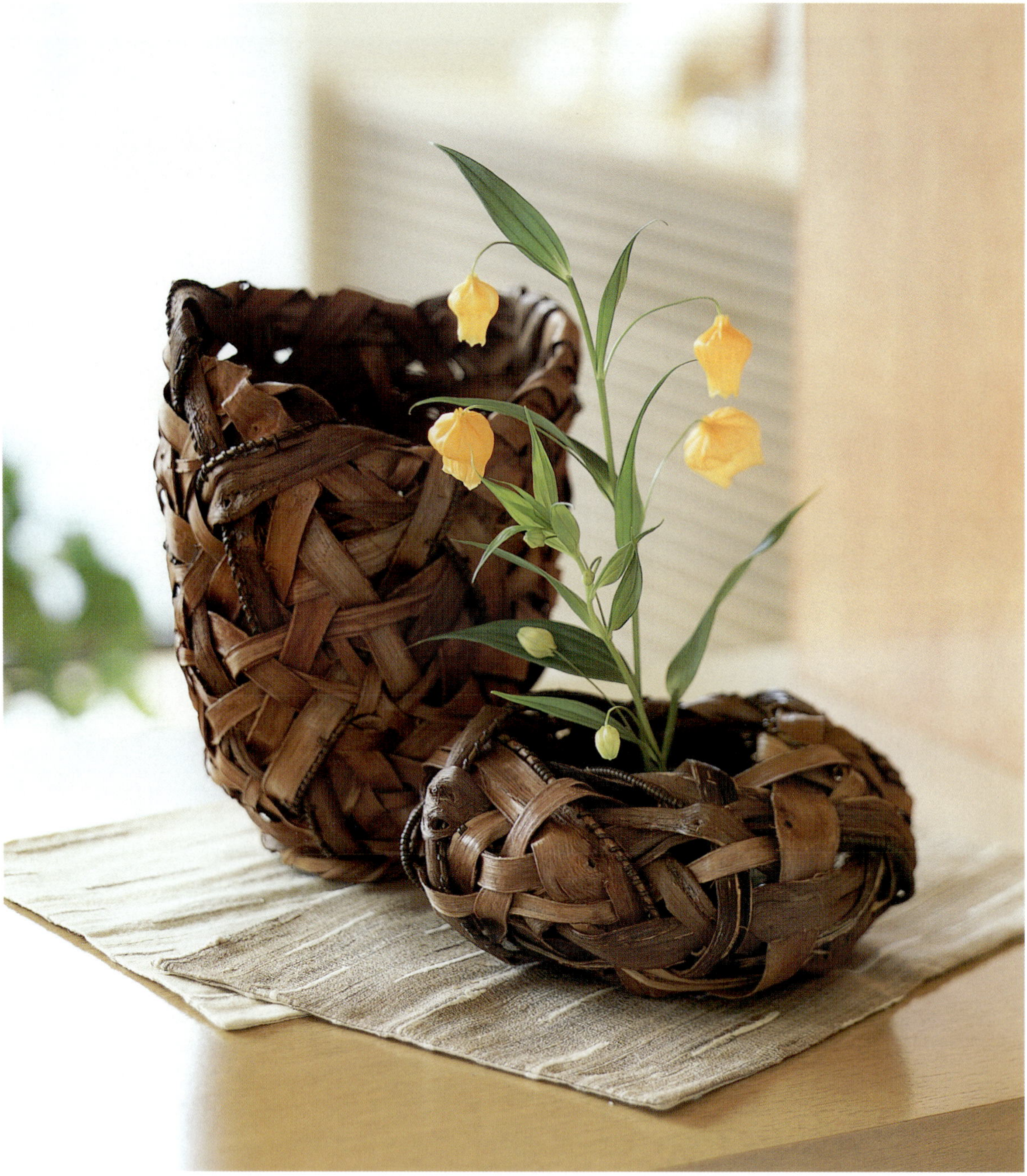

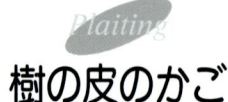

Plaiting

樹の皮のかご

山ぶどうの皮を剥いで使いました。
素材感を生かして、組むように編んだふたつのかご。

作り方／83ページ

布のポシェット

テープ状の布を袋状に組んでゆく面白い組み方です。
組むだけでお洒落なポシェットのでき上がり。

作り方／78・79ページ

Plaiting
ラッピング風のかご

懐かしい風呂敷包みのイメージです。
でき上がりを想定して
柄を編み込みながら組んでいきます。

作り方／74〜77ページ

作り方／80〜82ページ
プロセス44ページ参照

Plaiting

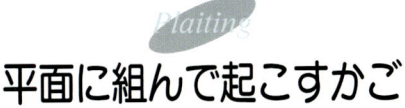

平面に組んで起こすかご

平面で方眼を組み、両端を起こして形作りました。
最後の始末が編み目の中に入り込んで、縁がきれいに仕上がります。

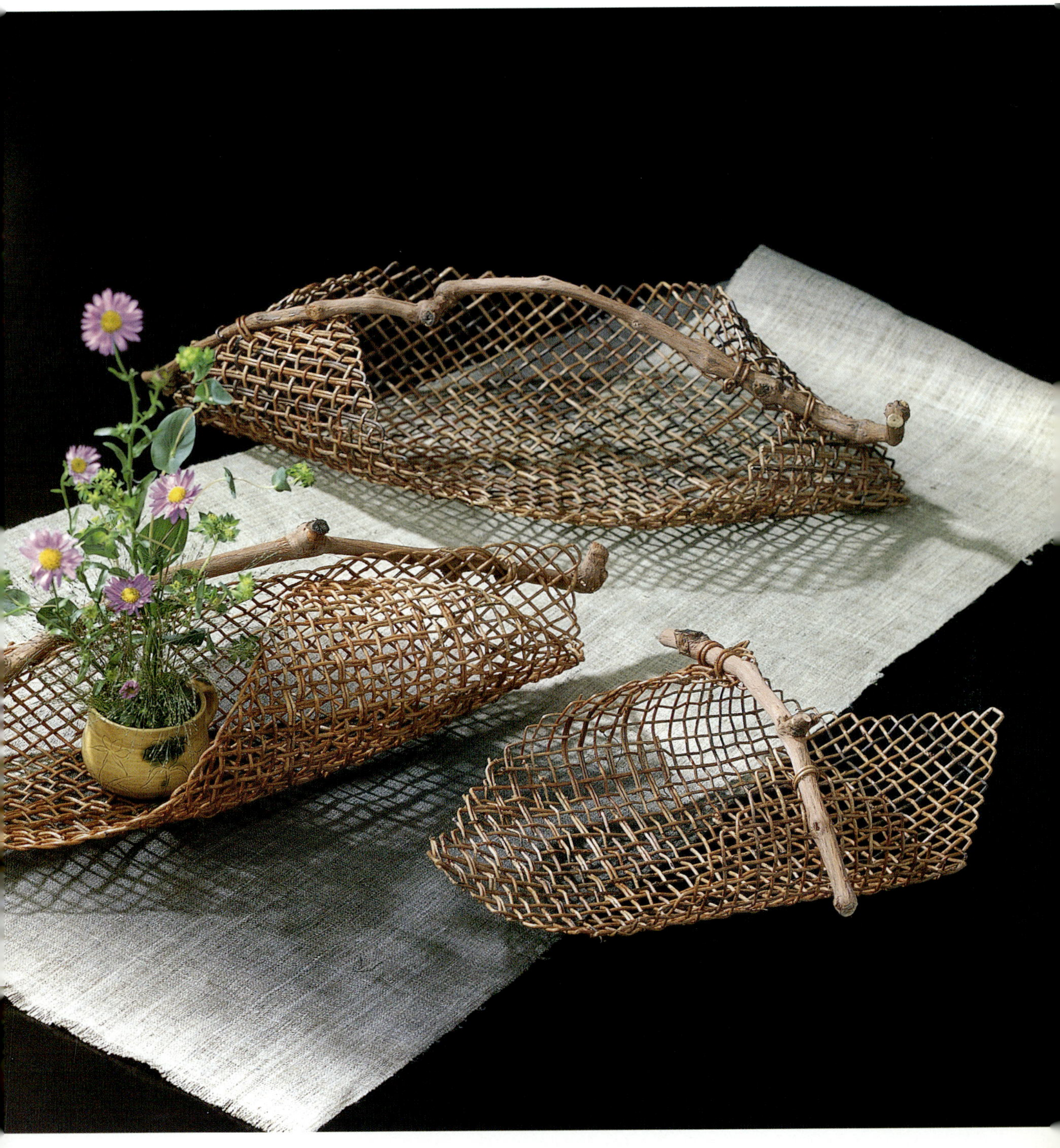

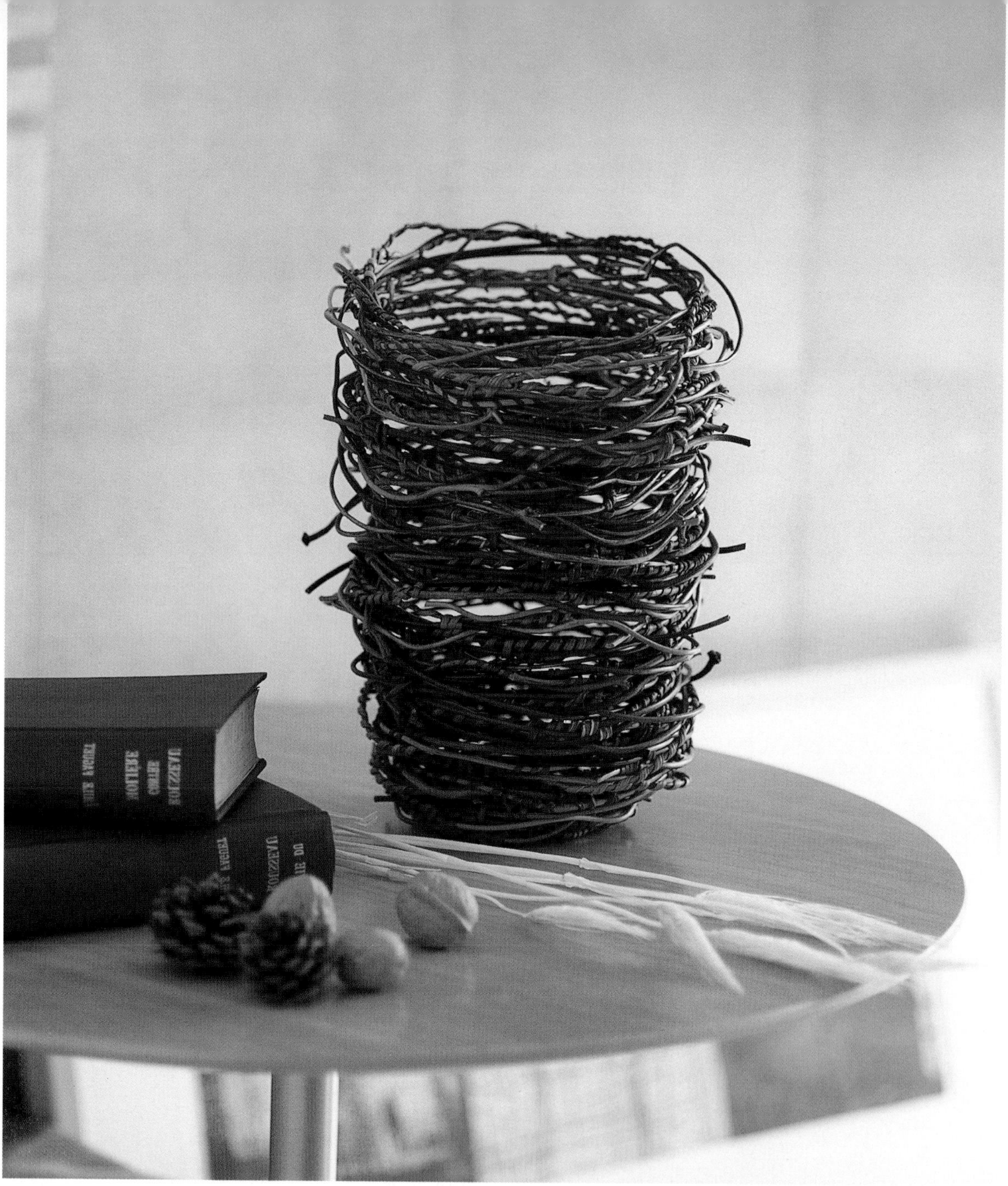

Coiling

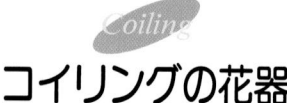

コイリングの花器

巻きながら前の段に接続するというコイリングを応用しました。
素材の面白さを十分生かしてコイリング。

作り方／84ページ

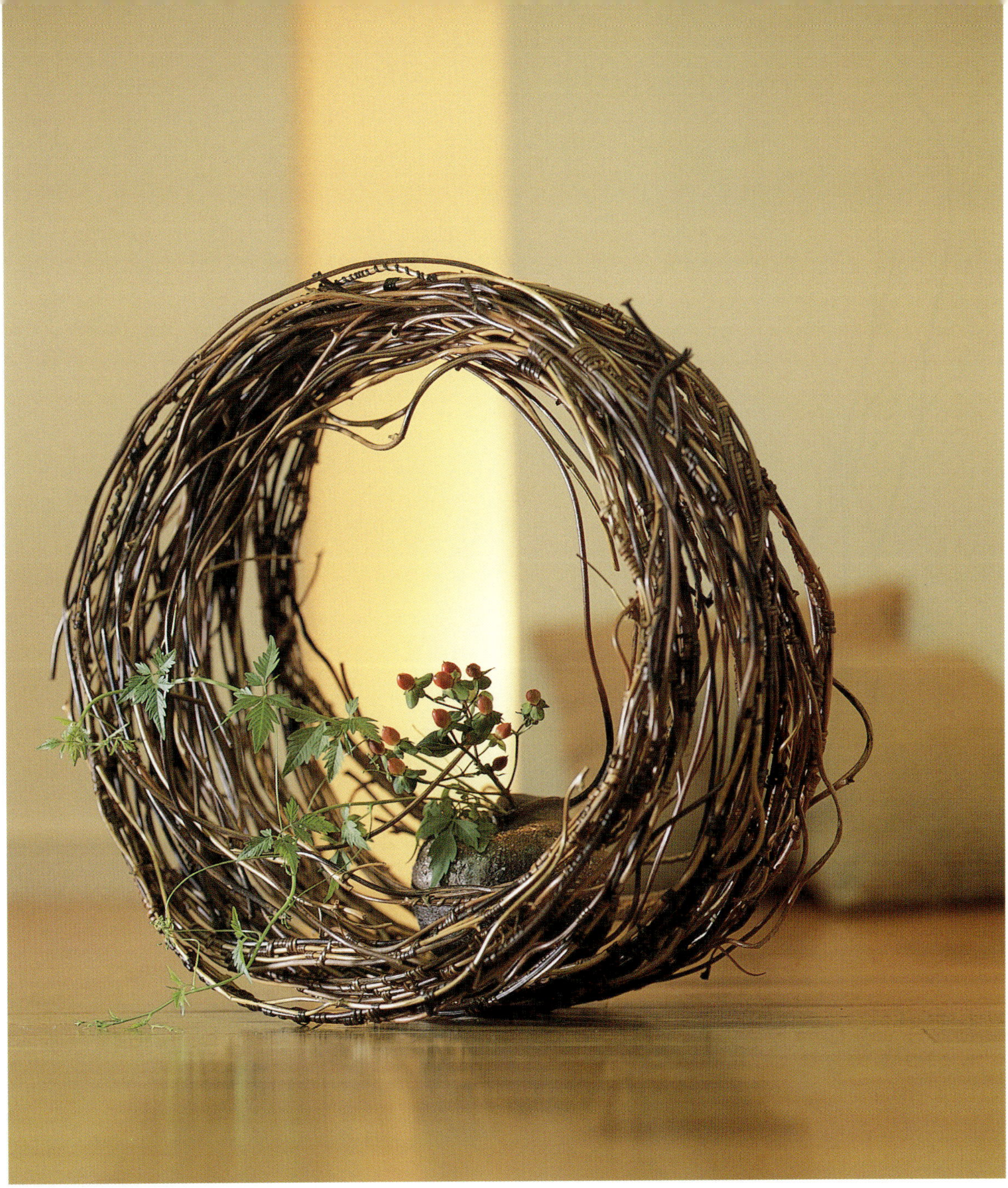

Coiling

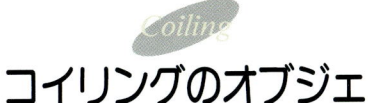

コイリングのオブジェ

素材が堅めなので、おおらかなデザインにまとめました。
美しい色や形を楽しんで。

作り方／85ページ

Coiling

小枝の一輪挿し

素材を編みながらコイリング。
小枝にみの虫のイメージがぴったりです。

作り方／86・87ページ

Coiling

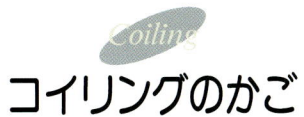

コイリングのかご

2本の巻き糸で柄を出しながら形づくるかご
素材をいろいろ替えてみると、
違うイメージの作品ができ上がります。

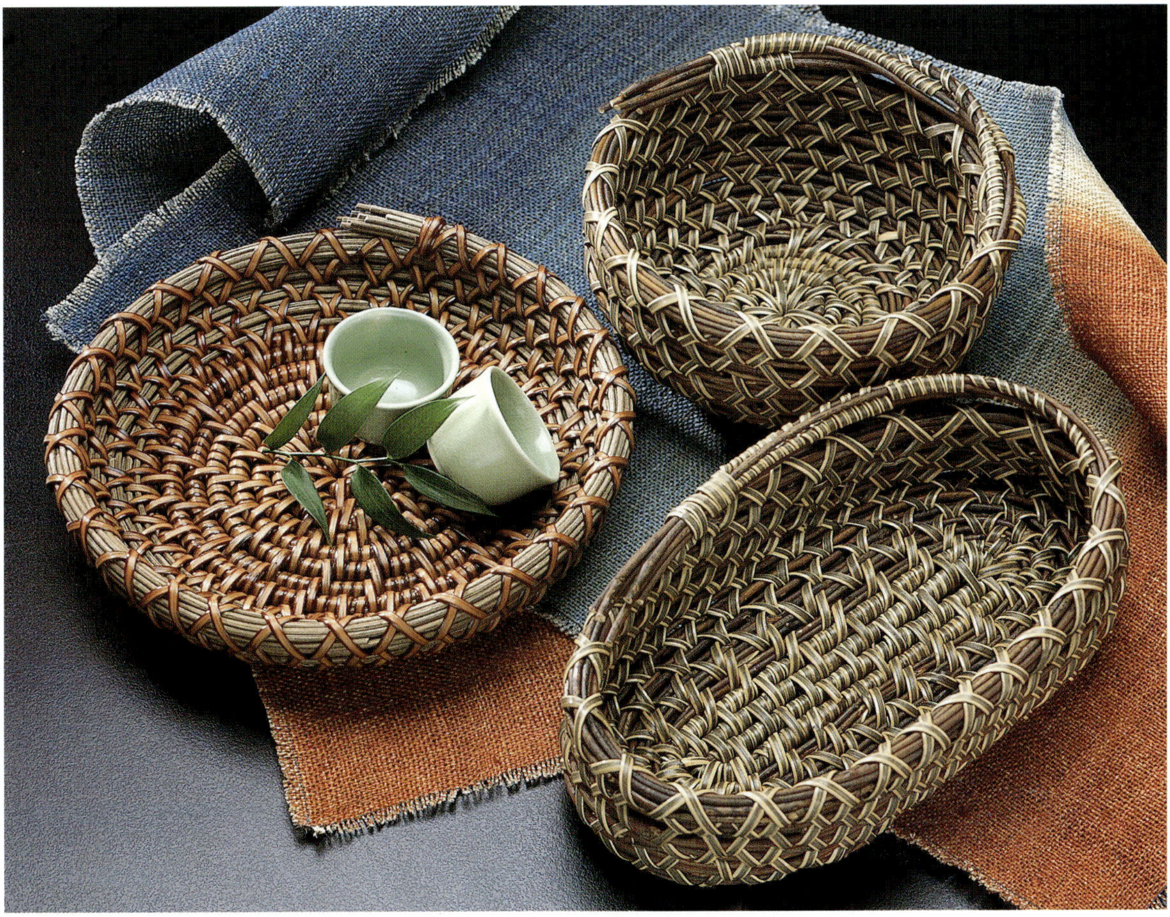

作り方／88・89ページ　プロセス46ページ参照

あけび
赤みが強く美しいつやがあります。強靭で加工しやすく、皮をむいたり半分に裂いたりして使う場合もあります。
A／方眼に編む（平面に組んで起こすかご）
B／みだれ編み（層のあるみだれ編みのかご）
C／編むと巻く（小枝の一輪挿し）

素材の種類とテクニック

現代のかごづくりは生活用具としてだけではなく表現方法のひとつとしても考えられています。多くの素材をどのようなテクニックで表現するか素材の特徴を生かした表現方法を紹介しましょう。

つづら藤
青みがかって美しく、つるは長くて伸びやかです。ラフなかごづくりに最適です。
E／素編み（みだれ編みの壁面飾り）

ニトー
赤茶、黒、ベージュなどの色があり、葉柄がとても美しいので、その特長を生かした作品作りが大切です。素材が堅いので使うときには工夫が必要です。
D／巻く（コイリングのオブジェ）

その他の素材
かごづくりには様々な自然素材を使います。
F／トウモロコシと丸芯で2本縄編み矢羽根（とうもろこしの皮で編んだかご）
G／布で組む（布のポシェット）
H／パームやしでからげる（縁飾りのかご）
I／帯状に編んだ素材で素編み（小枝の灯り）
J／芭蕉で編みながら巻く（芭蕉を使ったかご）
K／タッサーシルクの糸で織る（木の枝のタペストリー）

籐

丸芯、平材、皮藤などの種類があり、その種類の多さを利用した作品作りも面白いでしょう。とても編みやすい素材で、そろった編み目の美しさが特長です。

L／皮藤で組む（バッグ）
M／皮むき面取り藤で結び（ビンを飾る）
N／皮藤で巻く（コイリングのかご）
O／平材で網代編み（竹の根のタペストリー）

L	M
N	O

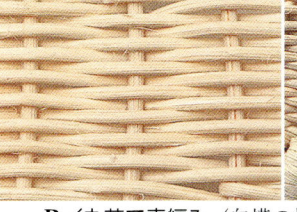

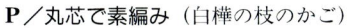

P	Q	R

P／丸芯で素編み（白樺の枝のかご）
Q／丸芯で２本縄編み（とうもろこしの皮で編んだかご）
R／丸芯で４本縄編み（縁飾りのかご）

S	
T	U

樹皮

山ぶどうの樹皮のほか、いろいろな種類がありますがそれぞれ美しい表情をしています。皮を剥ぐには春から初夏が適しています。

V／みだれに組む（樹の皮のかご）

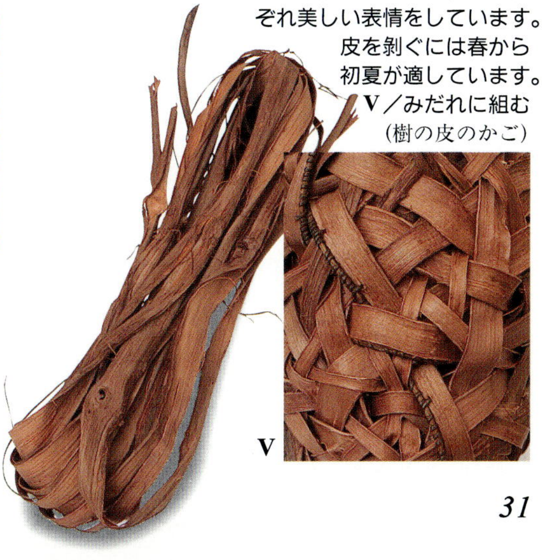

バゴバゴ

亜熱帯地方の素材で、伸びやかに生育しているせいか寒冷地のものに比べると、水に浸すと短時間で柔らかくなり、編みやすくなります。皮をむいて使うこともあります。

S／素編み（太づるの皿）
T／２本縄編み矢羽根（白樺の枝のかご）
U／みだれ編み（太枝のかご）

V

プロセス

層のあるみだれ編みのかご

カラー口絵／15ページ

かごの面を層にするという新しい発想のかごづくり。自由な感覚で編むみだれ編みで面を作ります。作り方をマスターしたら、形や大きさを変えて楽しんでみましょう。

この作品は丸芯を使用。
カラー口絵掲載作品の材料は65ページ参照。

■作り方

1 **型を作る**／ダンボールで面を編むための型を作り、ひと回り大きな円に編み糸を差し込む穴をあける

2 **面を編む**／編み糸の両端を穴に差し込み、型の上に編み糸を渡して、みだれ編みの面を編む

3 **4枚のみだれ編みの面**／型の大きさの面（2枚）、型の1/2の面（1枚）、2/3の面（1枚）

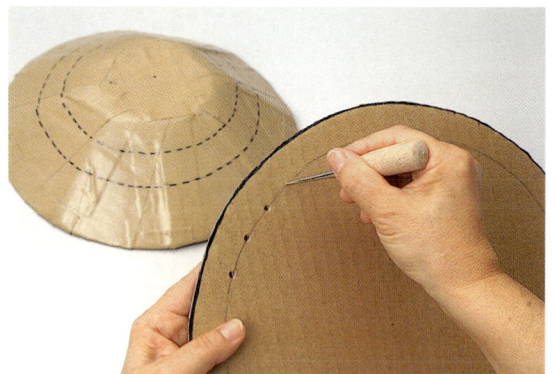

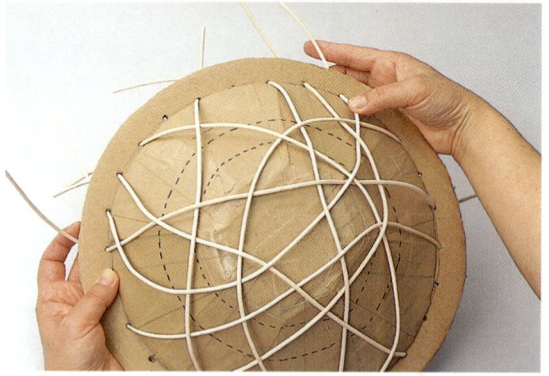

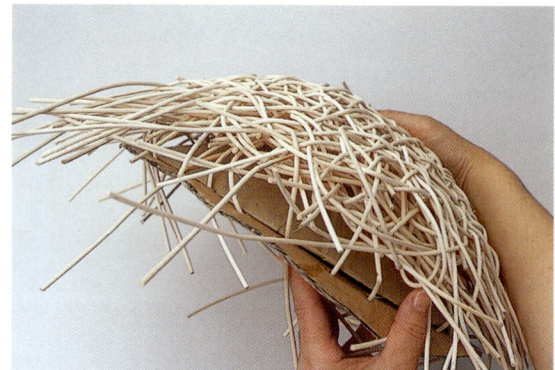

4 **面を重ねる**／4枚の面を1枚ずつ、みだれ編みでとじつけながら重ねる

5 **まとめ**／編み糸の端を部分的に穴からはずし、交差させながら縁を作っていく

6 型からはずして全体を仕上げ、縁の凹凸のある部分や面全体に、別糸を足しながら形良く仕上げる

はじめに

　バスケタリーという言葉がポピュラーなものとして定着して久しくなりました。

　かご作りをする人達の多くは籐という素材に育てられて今日までできましたが、現在では扱う素材も幅を広げ、それに伴うテクニックも工夫され、掘り下げられ、個性的になっています。作品も生活の中で使われるものから表現まで多岐に渡っています。

　本書の作品作りでは、生活の中で使われること、さらにその作品を使うことにより、生活をもクリエイションするということをテーマにしました。多くのほかの分野の作り手とも共通することなのですが、その形やテクスチャーなどを考えるとき、私のテーマはいつも「自然から学ぶ」ということなのです。クモの巣、みの虫、貝がら、植物の種子など、自然の造形物は舌を巻く巧みさで、私達を魅了します。わざわざ特殊な所に出向かなくても、庭や公園の片隅にも小宇宙は存在し、びっくりするような発見があります。その驚きやら、自然と一体になる幸せが、かご作りの原動力になっています。

　本書がかご作りを楽しむ皆様にとって、何らかのお役に立てれば幸せです。

真木雅子

バスケタリーの基礎

かごを作ることをバスケタリーといいます。
いろいろな素材でバスケタリーを楽しんでみましょう。

材料

■素材

籐／主にインドネシアに自生し、それを材料として平材、丸芯、皮籐、構造材など多種の形に加工されたものを輸入しています。水に浸すと30分くらいで柔らかくなるので編みやすくなり、そろった編み目の美しさはほかに例を見ません。

コンテンポラリーなかご作りに大いに役立ちます。例えば、芭蕉、麻、トウモロコシの皮などの繊維素材を単独ではなく、籐と組み合わせると、まったく違った表情を見せてくれますし、もちろん籐単独であっても、その種類の多さを利用すると、面白い作品ができ上がります。

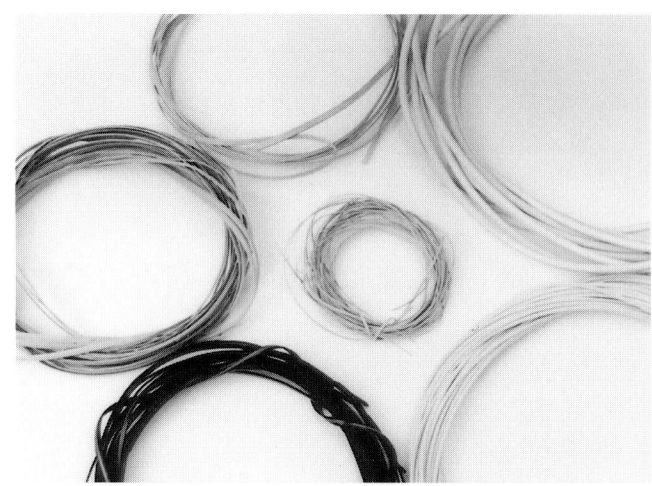

籐（丸芯、皮籐など）

あけび／日本全国に分布していますが、東北、長野、御殿場など寒冷地のものが赤みが強く、つやも良くて美しいです。採取時期は秋の落葉後で地を這うものが良く、根を整理して春まで乾燥させます。使用するときは24時間以上、水に浸して柔らかくします。その特徴は強靱で加工しやすく、半分に裂いたり皮をむいたりしても使えます。

つづら藤／主に西日本の暖地で採れるものが青みがかって美しく、そのつるはあけびより伸びやかで長く、根元は太く、先に向かって細くなっています。秋に採取して春まで乾燥させますが、堅くて使いにくい場合は2～3日くらい水に浸して柔らかくしてから使います。ラフなかご作りに適していて、みだれ編み、素編みにすると良いでしょう。

ニトー／ニトーという名前でフィリピンから輸入されていますが、ウラジロ科の常緑シダで、広くアジアに分布し、日本でも各地に自生しています。ヤマクサ、ホナガ、ヘゴ、ピーデーなどと呼ばれて、生活用具としてのかご作りがなされている所もありますが、関東ではウラジロと呼ばれて、葉をお正月用の飾りに用います。葉柄がとても美しく、赤茶・黒・ベージュなどの色がありますが、

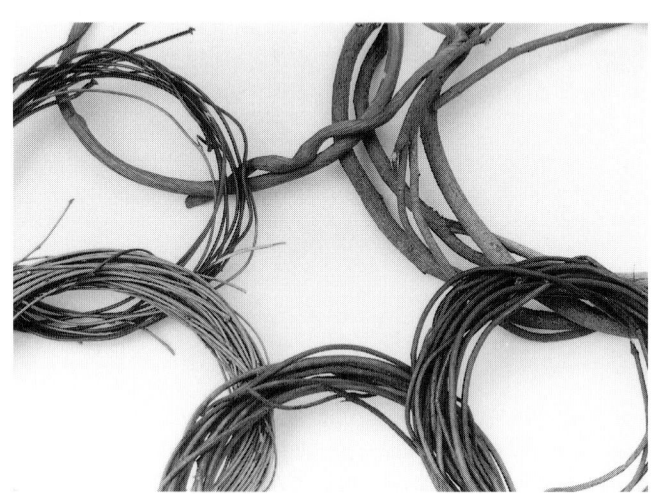

あけび・バゴバゴ・つづら藤・ニトー

特徴は大変堅く、使うときには工夫が必要です。

バゴバゴ／東南アジア、おもにフィリピン、中国などから輸入されています。亜熱帯のものは伸びやかに生育しているせいか、一晩水に浸しておくと柔らかく編みやすくなります。日本のあけびやつづら藤と同じ使い方で良いでしょう。皮をむきやすいので、皮むきのバゴバゴとして使うこともあります。

（バゴバゴの外皮のむき方／87ページ参照）

樹皮／本書では山ぶどうの皮を使用しましたが、このほかにクルミ、クワ、キハダ、白樺、桜、シナの木などいろいろな種類があります。それぞれとても美しい表情をしていて、横に裂けるもの、縦に裂けるものがありますので試してみると面白いでしょう。一般的には、皮むきに良い時期は水分をどんどん吸い上げる春から初夏が適しています。ナイフやへらで剝いでゆき、鬼皮を削り落とし、風通しの良いところで乾燥させます。使用するときには湯に浸して戻し、用途に合わせて切って使います。

樹皮

そのほか次のような素材も使用できます。
つる類／藤、葛、マタタビ、サルトリイバラ、ツルウメモドキ
草類／ヒロロ、チカラシバ
自然素材／麻ひも、繊維などのほかイグサ、竹、ワラ、和紙、布、樹木の枝、葉など。
自然素材以外／ビニールひも、ステンレス、紙バンドなど。

和紙・タッサーシルク

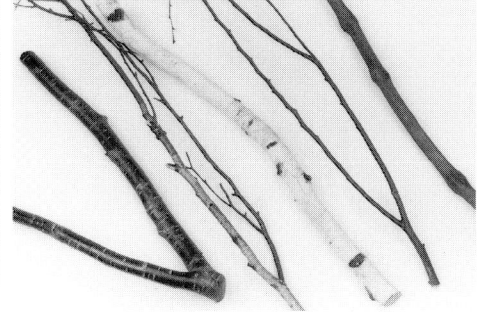

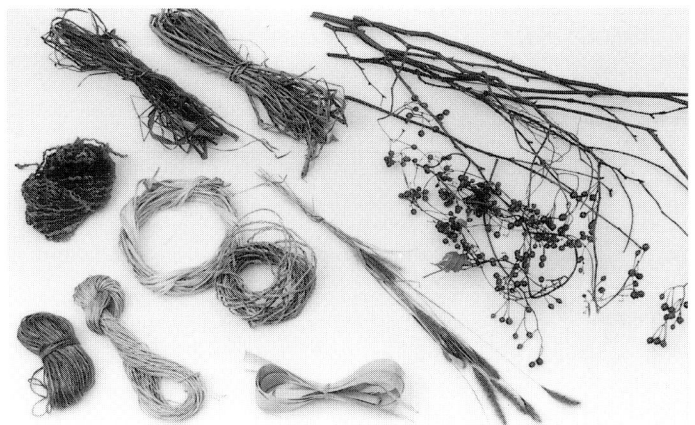

上から／桑の皮・欅の小枝・野いばら・ナシ・パームやし・ネコじゃらし・麻糸・シナの皮

左から／桜・白樺・欅・山ぶどうのつる

■**素材の取り扱い方**

ほとんどの材料が植物ですから湿度を嫌います。風通しの良い日陰に保存しますが、樹皮などは平らになるように重石をのせて日に干し、短時間で乾燥させると良いでしょう。使用するときは水、または湯に浸して柔らかくしてから作業しますが、その時間は材料によってまちまちです。

■**素材を採取するときの注意**■

国立公園はもとより、人の持ち山に無断で入って勝手に採取しないように注意します。あけびのようなつる類は根こそぎ採ってしまうのではなく、来年もまた育つように根を残し、樹皮は立ち木から剝ぎ取らないようにします。

□**材料入手の良い方法**
・知人の山に入る
・間伐材を探す
・公園や街路樹の、良い時期にもらいにゆく
・専門家から情報を得たり、依頼をする
・材料を扱っている専門店で買う

■**素材以外に用意するもの**

型紙を作るためのダンボール、ビニール袋、新聞紙、ガムテープ、バッグの持ち手、ひも、織り機を作る市販のボードなども用意します。

テクニック

世界各地の伝統的なかごに見られるように、これまでは身の周りの素材を使って生活用具であるかご作りがなされてきました。しかし現代のかご作りは材料の流通の利便さも手伝って、テクニックに惹かれ、これを立体にしたい、あるいは表現の手段にしたい、では素材は何にしようかという考え方が出てきました。どちらにせよ、テクニックと素材は切り離せない関係です。

■編　む

堅めのたて材(たて芯)の間を、柔らかめの横材(編み芯)で山・谷、山・谷と進んでいきます。多くの応用編みが可能ですが、その中にたて芯の間を2本とか3本の編み糸を使ってねじり編みをする編み方があります。

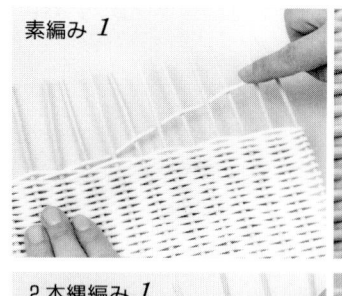
素編み 1

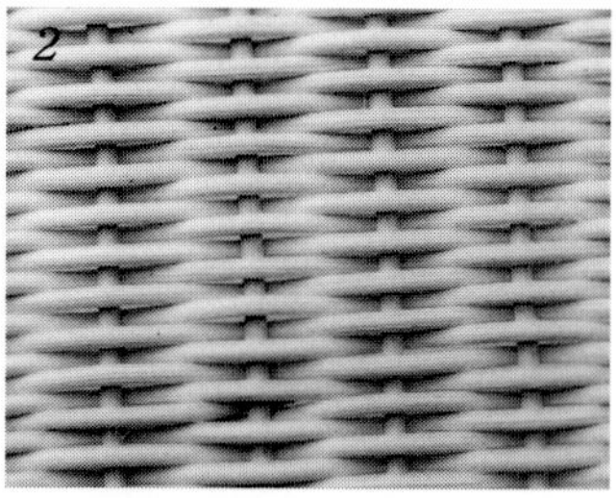

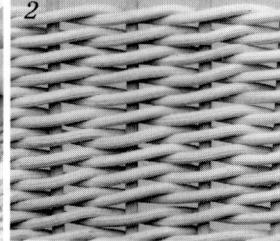
2

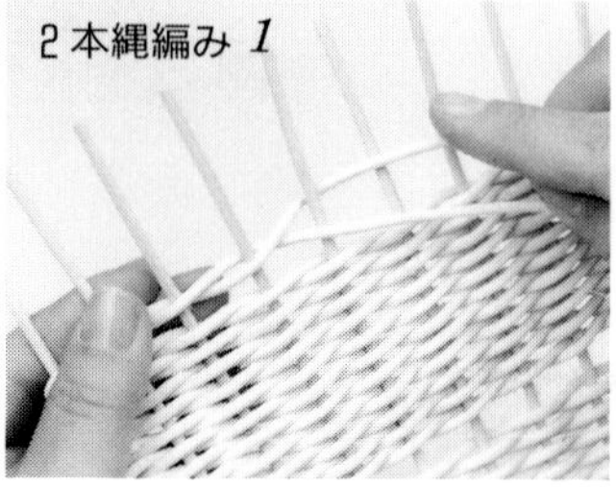

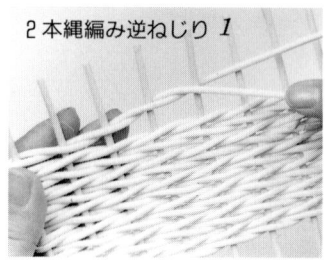
2本縄編み 1

2

素編み

2本縄編み逆ねじり 1

2

■みだれ編み

最近とても人気のある編み方で縦、横、斜めに自由に編み糸を配置していきます。組むに区分場合もあります。
(65ページ参照)。

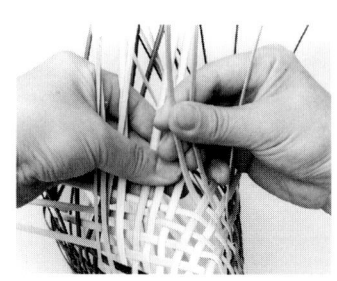

みだれ編み

■組　む

代表的な素材は竹です。平材を使ってそのバネを利用し、2方向、3方向に組みますが、均一な力関係と角度が必要です。組み芯を縦、横、斜めに組み合わせることが原則です。

組む

■巻 く

　素材の中には草、繊維素材、ワラなど、それ自体では弱く、編む・組むに不向きなものがあります。それらをまとめ、束にして横材(芯)として持ち、強く柔らかな素材で、前段に所々接続しながら巻き上げ編みをします。本書ではバゴバゴや丸芯、ニトーなどいろいろな素材を横材として使用していますが、素材を変化させることで違ったイメージの作品を作ることができます。

■そのほか、ルーピング、ナッツ(結ぶ)、組ひも状のもの、ネット状のものなど応用のテクニックがあります。

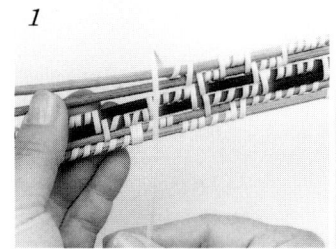

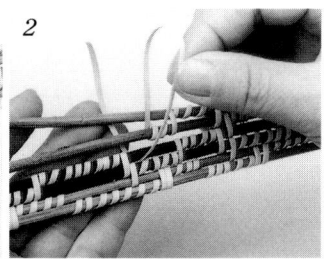

巻く

仕上げ

　でき上がった作品は、少し湿った状態で根や毛羽などを取り除きます。バーナー、または家庭用コンロを強火にして、20cmくらい上で作品を動かしながら毛羽焼きをします。その後、よく乾燥させて、作品によってはラッカー仕上げをします。スプレー、または筆で塗りますが、あまりたくさん塗りすぎないほうが良いでしょう。

毛羽焼き　　　ラッカー仕上げ

用 具

ハサミ／花バサミ、または工芸用のハサミを使います。
ペンチ／材料をつぶして、折り曲げるときに使います。
目打ち・平切り／芯を足したり透き間を作ったり、たて芯の姿勢を直すときに使います。
ナイフ／素材の先をとがらせたり、皮を剥いだりします。
のこぎり／木や枝を切ります。
キリ・ドリル／枝に穴をあけます。
霧吹き／材料が乾燥して堅くなってきたら霧を吹きながら編みます。
クリップ、ワイヤー、定規なども使います。

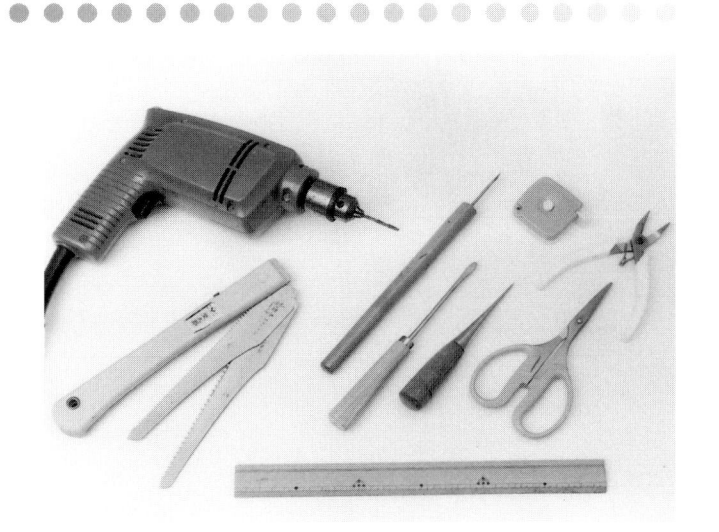

たて芯／かごを編むときの柱になるものでなるべく堅い芯を使います。

編み糸／たて芯に編みつけていきますので柔らかい芯を使います。
作品のでき上がり寸法は参考寸法です。

プロセス I
編む
層のあるみだれ編みのかご

カラー口絵15ページ

<厚みのある新しい感覚のかご>
　面が一面ではなく、層にしてみたら重厚なかごになりました。みだれ編みの面を4枚作って重ねています。でき上がりを想定して型を作り、それに合わせて面を編み、構成します。

◆ポイント◆
　内側の2枚は外側の2枚より、少し粗めのみだれ編みにします。最後のまとめは外側の2枚の面の糸端で、内側のみだれ編みを編みくるむようにしてまとめます。編み糸の先端をぬらして柔らかくしながら作業します。

プロセスの作品はカラーページ掲載作品と同一作品ではありません。メカニズムを紹介するために分かりやすい材料を使用しています（以下の作品も同様）。カラーページ掲載作品の材料は65ページ参照。

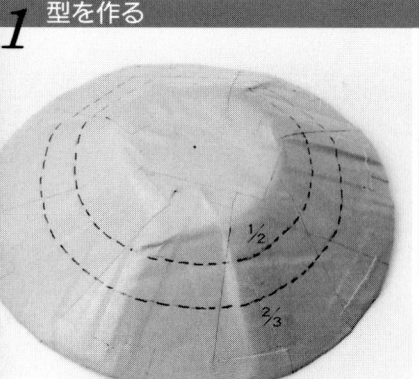

■作り方

1 型を作る
段ボールで丸みのあるボール状の型を作り、中心から1/2と2/3の位置に点線で印をつける

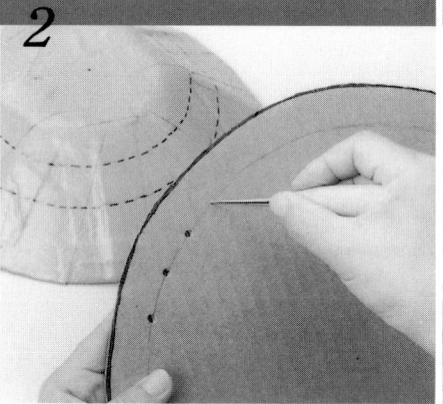

2
型よりひと回り大きな円を切り抜き、型を置いて印をつけ、目打ちで約3cm間隔に穴を開ける

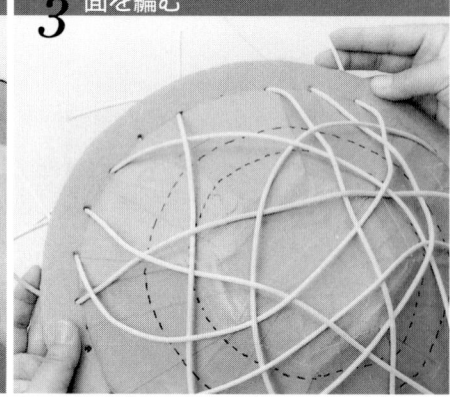

3 面を編む
編み糸の両端を穴に差し込み、型の上に編み糸を渡して細かいみだれ編みで2枚編む。糸端は5〜30cmくらい残す

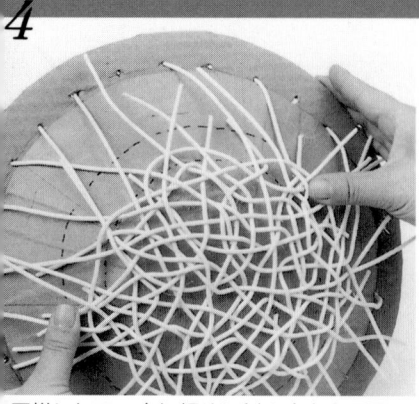

4
同様にして、少し粗めに1/2の大きさの面を1枚編む

5
同様にして、少し粗めに2/3の面を1枚編む。層を作る4枚のみだれ編みの面ができる

6 面を重ねる
内側になる面を裏返しにして型に載せ、編み糸の両端を穴に差し込む。1/2の面を上に重ね、別糸でみだれ編みでとじつける

<型を作る>

- 切り込みを半径の2/3まで8か所入れる
- 30cm
- 1.5cm重ねてガムテープで止める

でき上がり参考寸法

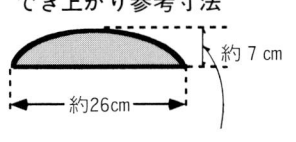

- 約7cm
- 約26cm
- 重ねる寸法や重ね方により、高さは変わる

<面を編む>

型を台に載せ、みだれ編みをする

- 中心
- 中心から1/2の線（③の面）
- 中心から2/3の線（②の面）
- ①と④の面

<型の作り方>

ダーツの重なり目は指でつぶしてガムテープを貼る。縁のラインがきれいに出るようにカットしながらガムテープを貼り、型を作ってゆく。

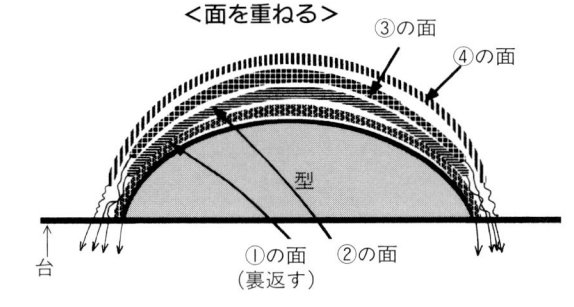

<面を重ねる>

- ③の面
- ④の面
- 型
- ①の面（裏返す）
- ②の面
- 台

みだれ編み／65ページ参照

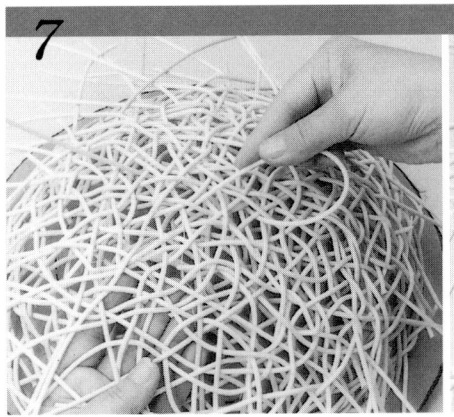

7
同様にして2/3の面を数か所とじつけ、4枚の面を重ねる

8
外側の面を同様にしてとじつけ、4枚の面を重ねる

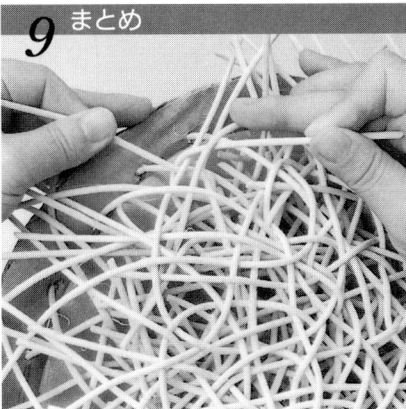

9 まとめ
端糸を作業する部分だけ穴からはずし、まんべんなく交差させながら縁の部分を作ってゆく

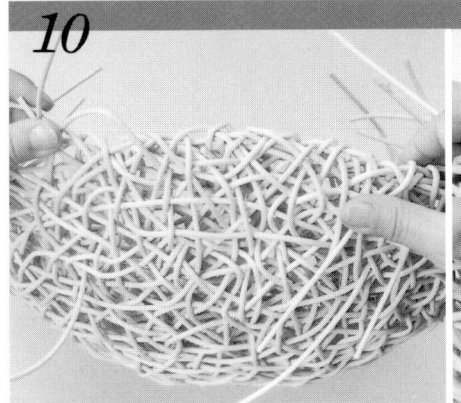

10
部分的に止めたところで型からはずし、残りの部分を始末する

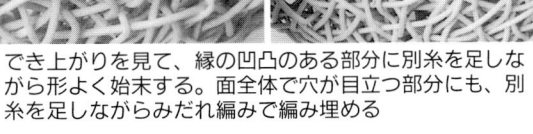

11

12
でき上がりを見て、縁の凹凸のある部分に別糸を足しながら形よく始末する。面全体で穴が目立つ部分にも、別糸を足しながらみだれ編みで編み埋める

プロセスⅡ 編む
白樺の枝のかご

カラー口絵10ページ

<たて芯の流れで形を作る>
かごに枝を付けるのではなく、枝にかごを編み付けるという逆の発想です。最初に、枝に差し込んだたて芯を持って大体の形を作り、でき上がりを想定してから編み始めます。

◆ポイント◆
少しずつ足し芯をして中心部を大きく広げながら編み、反対に減らしながら編み終わります。どの場所で足したり減らしたりするか決まりはありません。一番広いところでたて芯の間隔が2〜2.5cmくらいになるようにして、引き返し編みで好みの形を作ります。

カラーページ掲載作品の材料は63ページ参照。

■作り方

1 たて芯を差し込む
枝にドリルかキリで直径2.8㎜の穴を1cm間隔であけ、1か所は貫通させる

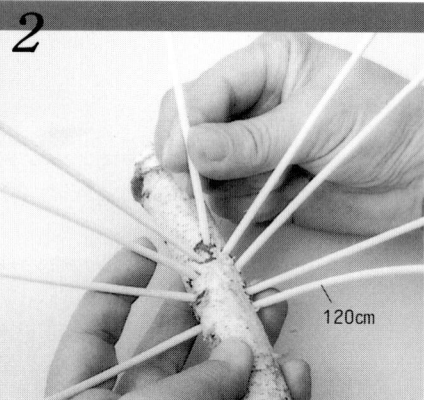

2
たて芯7本(60cm)をボンドをつけて差し込み、1本(120cm)は穴に通す

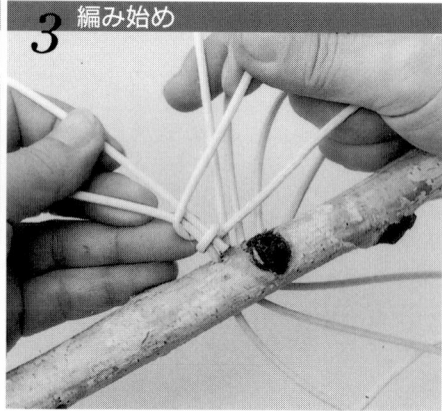

3 編み始め
両端のたて芯に1本ずつの足し芯をして編み糸を輪にしてかけ、2本縄編みで1段編んで固定する

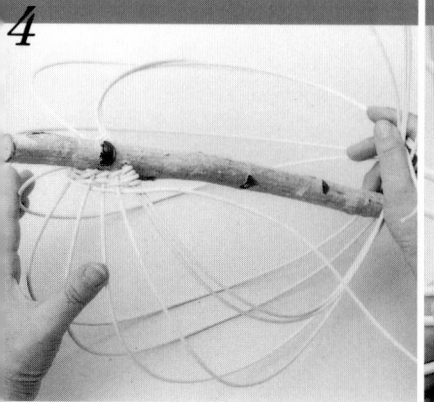

4
たて芯の先を持ち、中心をふくらませるようにしてでき上がりを想定してみる

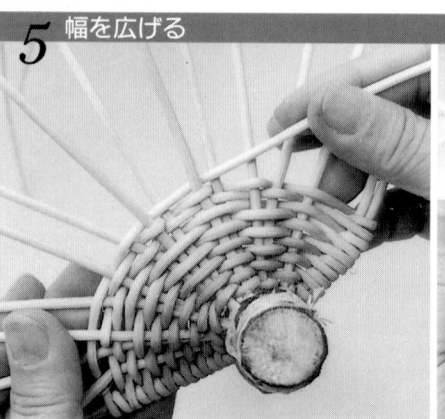

5 幅を広げる
2本縄編みの1本を切り、残りの1本で素編みする。両端は2巻きし、中心に足し芯をしながら編み進める

6
後ろ中心から両端に向かって、一つずつ引き返し編みをして半月型を作る

1, 2

<素材を編み込む>
#24ワイヤー（ダブル）に麻や芭蕉を巻きつけたものを編み入れて編み目に変化をつける

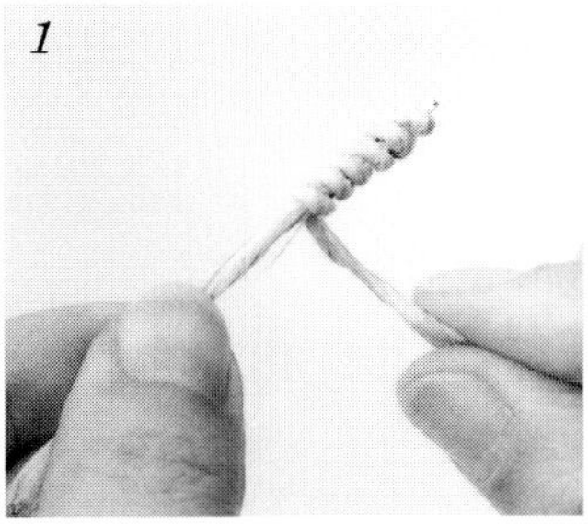

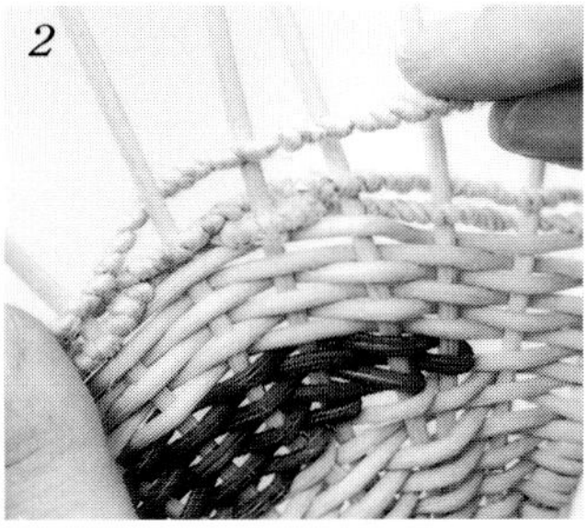

■たて芯の減らし方
ときどきたて芯を持って形を確認しながら減らしてゆく。込み入ってきたところを2本を1本として編み、そのうちの1本をカットする

<足し芯の仕方>
1cmくらい編んで後ろ中心に2本足し芯をし、2cmくらい編んで4本足し芯をする。芯と芯の間隔が広いところでも2cmくらいになるよう調整する。

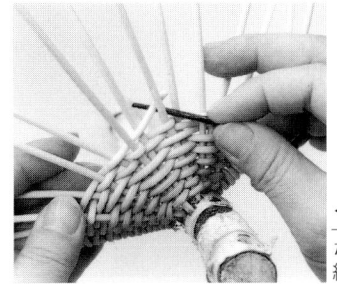

<編み糸のつなぎ方>
たて芯の後ろで編み糸を継ぐ

7
進行方向に対して編み目が水平になるように折り返しの数で調整しながら素編みをする

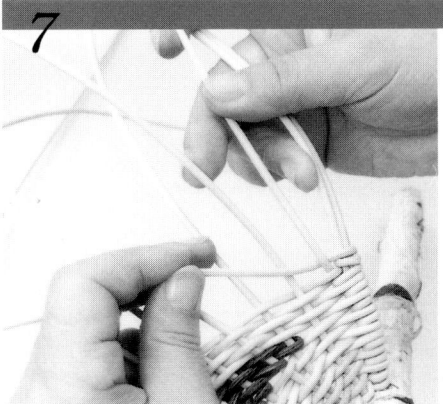

8
引き返し編みと素編みを繰り返して編み進む

9 幅をすぼめる
仕上げの形を想定し、たて芯の長さ、本数を減らしながら編む

■形の作り方
たて芯を差し込んだら長い方のたて芯を持っておおよその形を作り、反対側の枝に左手で押さえます。右手で中心近くのたて芯を広げて形をしっかり把握し、その記憶で編んでいきます。途中で何回もたて芯を持って形を確認しながら編み進みます。

10
枝に穴をあけ、ボンドをつけて、たて芯9本を差し込む

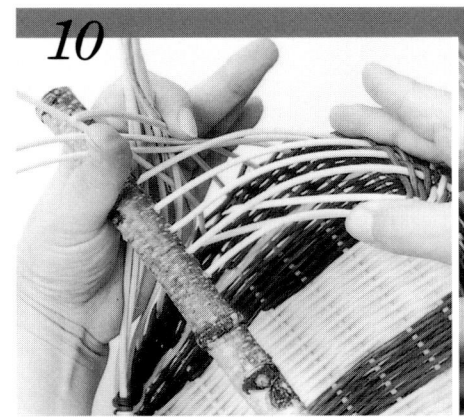

11
最後まで編み埋めてできあがり

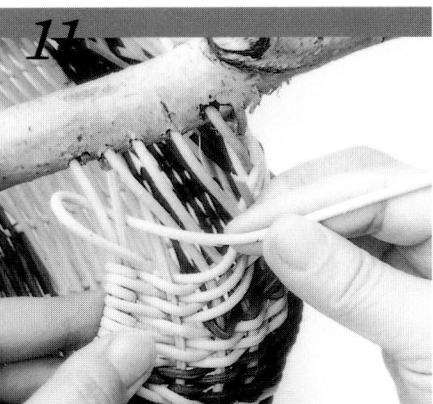

プロセスIII
組む
組みのポシェット

カラー口絵21ページ

＜伝統的なテクニックを使ってモダンに＞
組みは伝統的な竹のテクニックに多くみられ、デザイン次第でモダンな作品になります。平材を使い、そのばねを利用してパタパタと組みます。組み方に慣れると美しい編み目のとりこになります。

カラーページ掲載作品の材料は73ページ参照。組み方を分かりやすくするために、掲載作品とは模様を変えています。

◆ポイント◆
組み材の幅分の透き間を空けて組みます。組み材の長さは組む位置で多少違いますがどの組み材も70cmくらいに切っておきます。

■作り方

1 底を編む
生成り(70cm)10本×10本で10cm角の底を組み、ストッパーを入れる

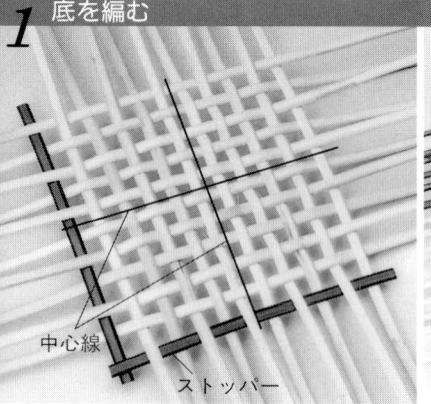

2 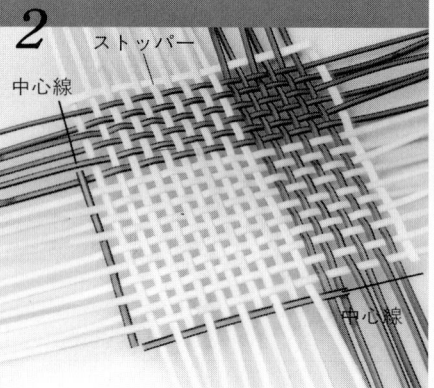
1の上に茶(70cm)6本×6本を組み、ストッパーを入れる

3 前面を組む
底の対角線をかるく折り、ストッパーをはずして、両側の茶6本を交差して形づける

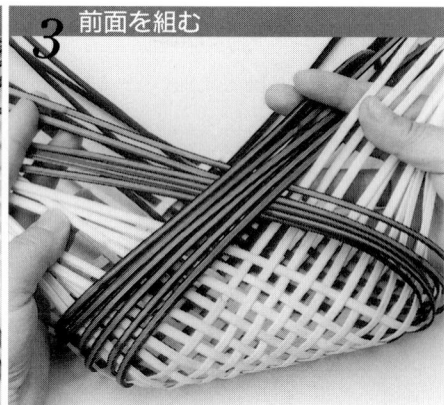

4 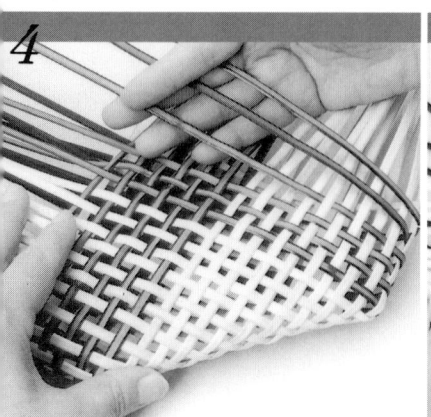
生成り10本と茶6本をそれぞれ組む

5 側面を組む
左右の生成り10本を後面の10本とそれぞれ交差させて形づける

6 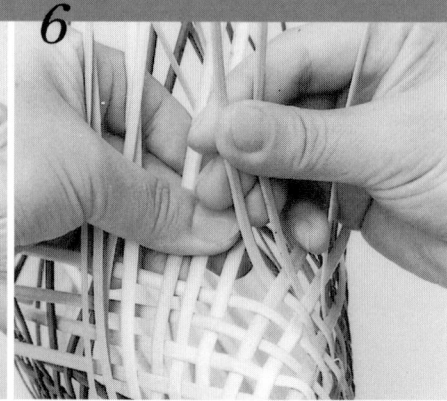
組みの交点が9か所になるまで左右の側面を編む

<四つ組みの組み方>

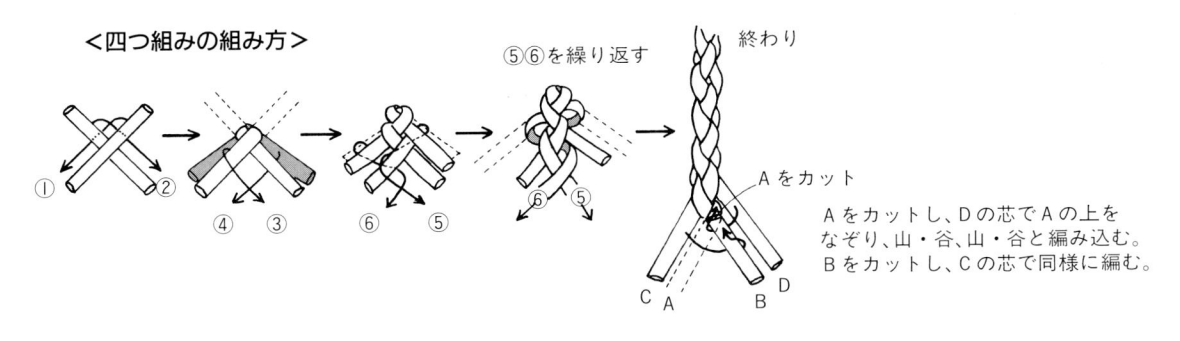

⑤⑥を繰り返す

終わり

Aをカット

C A B D

Aをカットし、Dの芯でAの上をなぞり、山・谷、山・谷と編み込む。
Bをカットし、Cの芯で同様に編む。

<ボタンの作り方>

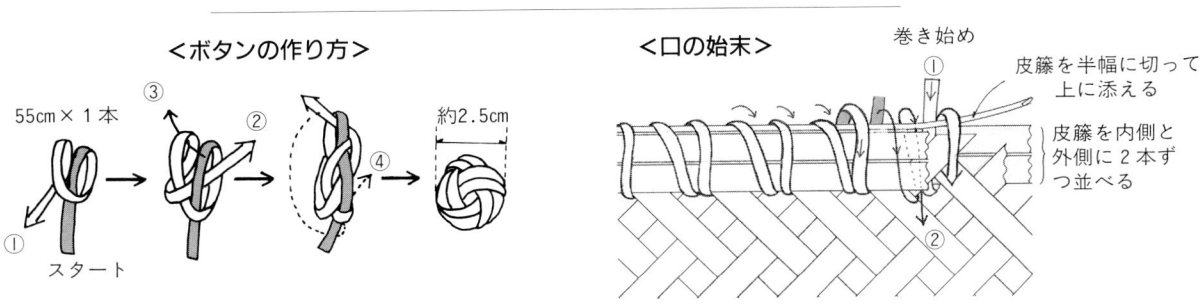

55cm×1本

スタート

約2.5cm

<口の始末>

巻き始め

皮藤を半幅に切って上に添える

皮藤を内側と外側に2本ずつ並べる

7 上部を組む
組み方を2山2谷に変えて、口を少しぼめるように、さらに4段組む

8 口の始末
口の周りの外側と内側に、皮藤2本ずつで両面から挟んでワイヤーで止め、組み芯の不要な部分をハサミで切る

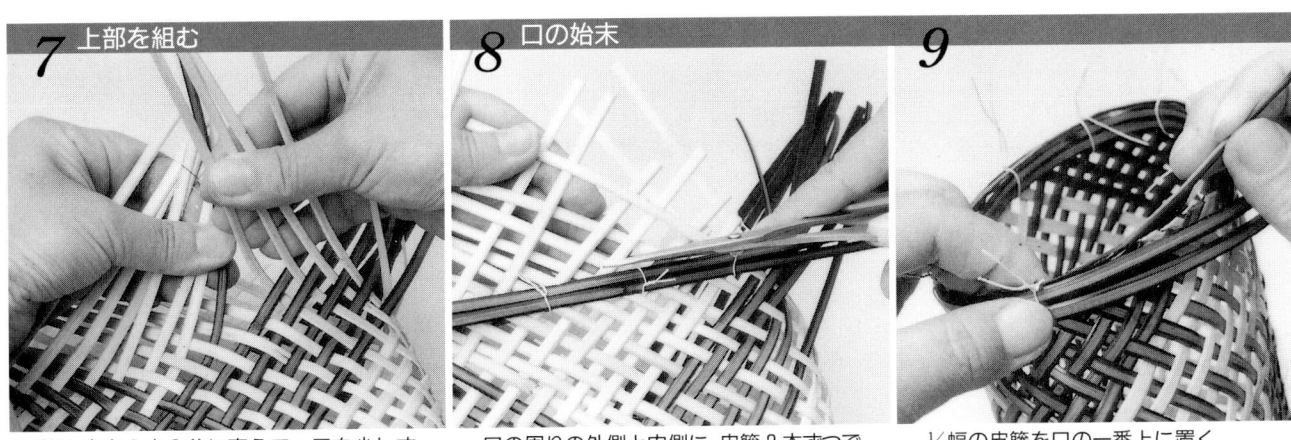

9
½幅の皮藤を口の一番上に置く

10
½幅の皮藤で口の始末をする
(口の始末参照)

11 持ち手とボタンを付ける
四つ組み140cmを両側面にワイヤーで止め、上から皮藤で2回ずつ巻き持ち手にする。糸端は内側に引き抜き接着剤でとめる

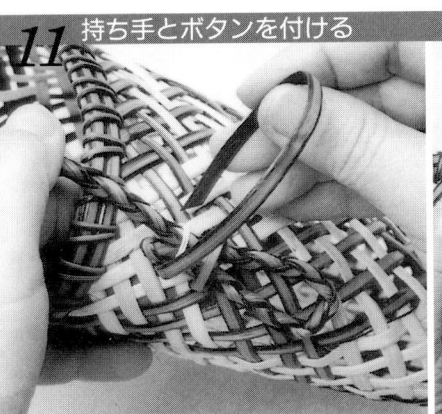

12
ボタンと留めひもを付ける。端糸を少し長めに残し、内側でひと結びして接着剤でとめておく

プロセスIV 組む
平面に組んで起こすかご

カラー口絵25ページ

＜平面に組んで立体に起こす＞
　独特な方眼の編み方です。縁の部分に始末がないので、とてもすっきりとした仕上がりになります。編み上がったら、水にぬらして両端を起こして形作り、持ち手を付けます。

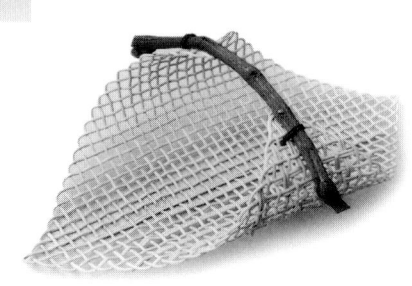

カラーページ掲載作品の材料は82ページ参照。

◆ポイント◆
　組み芯は水に浸して十分柔らかくしてから組み始めます。組むときに方眼の型紙（1cm×1cm）を用意して、合わせながら作業するときれいにでき上がります。

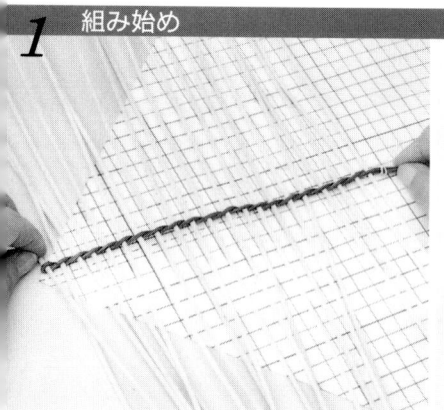

■作り方

1 組み始め
組み芯（120cm×21本）を並べ、仮止め位置より40cm下に出して2本縄編みで仮止めする

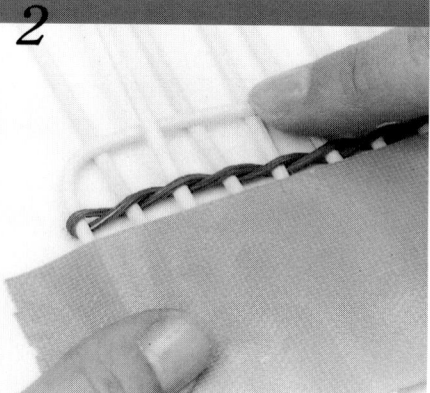

2
ガムテープで固定し、1本ずつ右に倒しながら山・谷、山・谷と組む

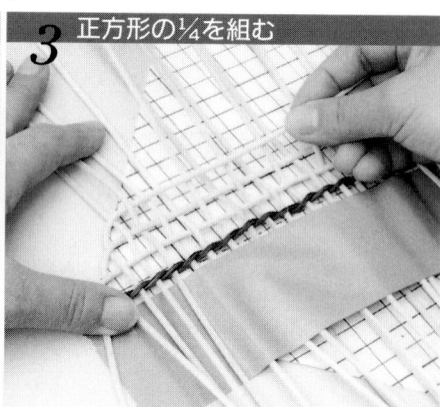

3 正方形の¼を組む
組み芯21本を同様にして山・谷、山・谷と組む

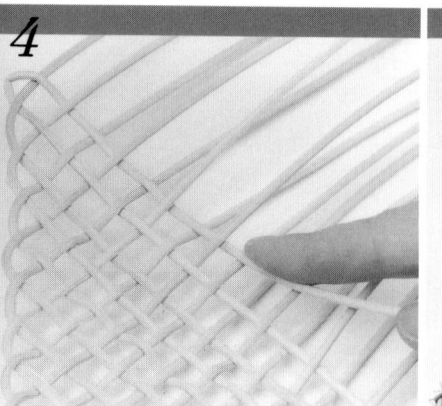

4
21本目をUターンして山・谷、山・谷と組む

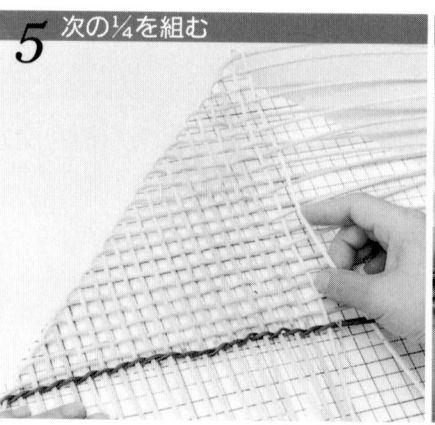

5 次の¼を組む
角を作りながら次の¼を組む。上半分が組めたことになる

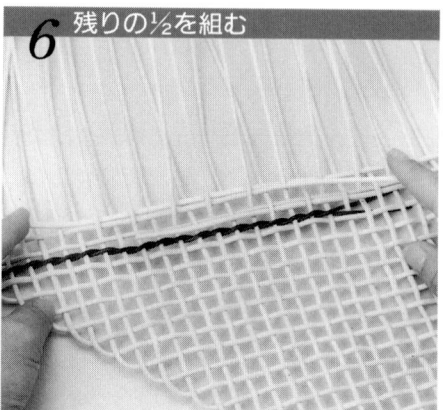

6 残りの½を組む
組みやすいように向きを変えて、左右の糸を合わせるように残りの½を一度に組む（糸の合わせ方参照）

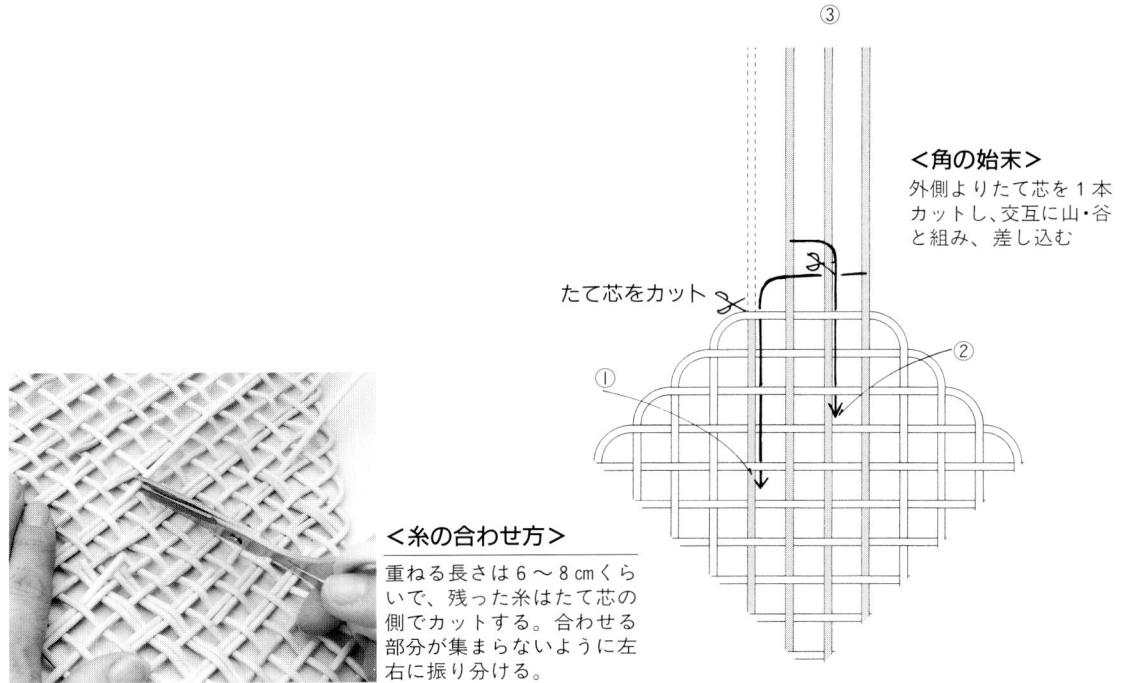

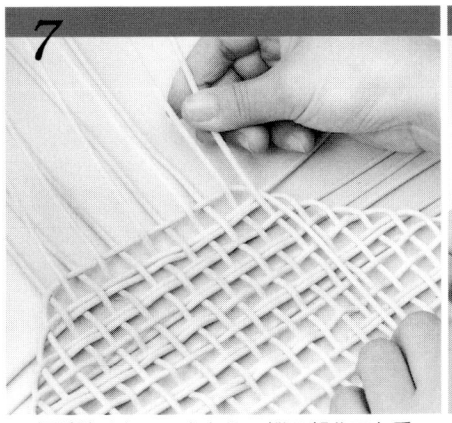

<角の始末>
外側よりたて芯を1本
カットし、交互に山・谷
と組み、差し込む

たて芯をカット

<糸の合わせ方>
重ねる長さは6〜8cmくらいで、残った糸はたて芯の側でカットする。合わせる部分が集まらないように左右に振り分ける。

7
幅が狭くなってきたら、縦の部分でも重ねるようにする

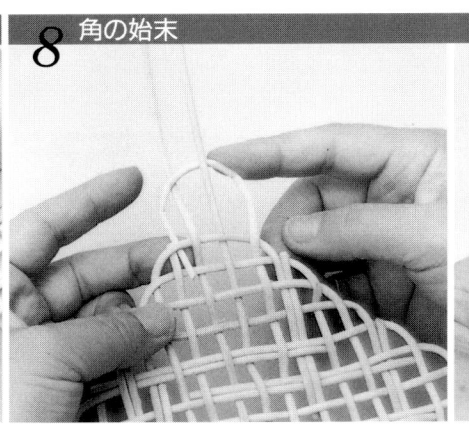

8 角の始末
組み芯を4本残し、1本ずつカットしながら始末をする
<角の始末参照>

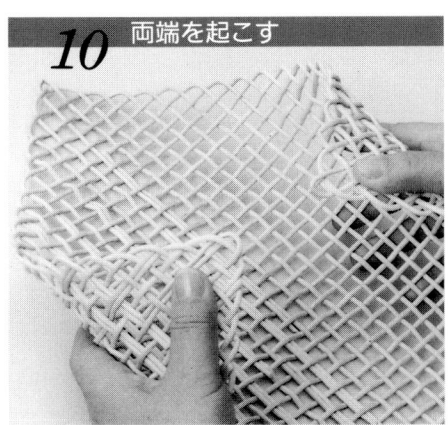

9

10 両端を起こす
水をつけて柔らかくしてから、両端を起こして形をつける

11 持ち手を付ける
ぶどうの枝を、ワイヤーに小枝色のフローラテープを巻いたもので取り付ける

45

プロセス V
巻く
コイリングのかご

カラー口絵29ページ

＜美しい巻き目が印象的＞

巻かれる芯と、巻く芯(巻き材)の素材の種類によっていろいろな表情の作品ができ上がりますがこの作品のコイリングは外側と内側から、2本の糸で追いかけるように巻いています。

カラーページ掲載作品の材料は89ページ参照。

◆ポイント◆

芯は素材を何本か(5～6本)1束にして巻き始めます。途中で芯の中心に1本ずつ足し芯をして太くしながら巻き、底ができ上がるころには直径が12㍉くらいになるようにします。本数は素材の太さによって違ってきます。皮籐はぬらして柔らかくしてから巻き始めます。

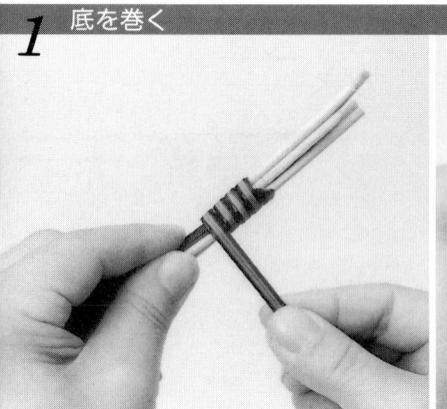

■作り方

1 底を巻く
丸芯5～6本を1束にして皮籐で巻き始める

2
棒状に16cm素巻きして芯をU字に曲げ、前段に接続する。4巻きして前段に1巻きを繰り返す

3
巻き始めの根元をハサミで切ってさらにU字に曲げ、繰り返して巻く

4
4巻きして前段に1巻き接続をしながら、さらに底を広げてゆく

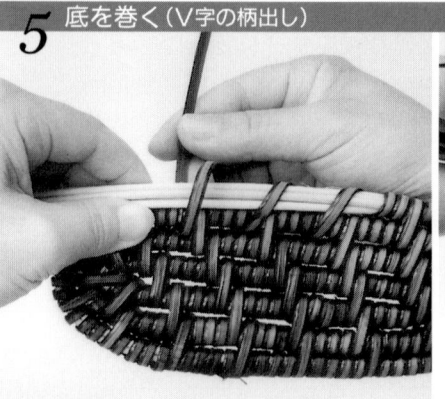

5 底を巻く（V字の柄出し）
4周目に入ったら、前段の4巻きおきにすくって一方向に巻く

6
皮籐を1本足して5の反対方向に追いかけて巻く

<皮籐の継ぎ方>
次の皮籐を裏表に入れておき、それぞれを背中合わせに90度折り返し、次の皮籐で短くなった皮籐も巻き込む

■接続のポイント
底を横に広げるときは側面、立ち上がるときは前段の斜め上をすくい、垂直に立ち上がってからは上部をすくって巻きます。

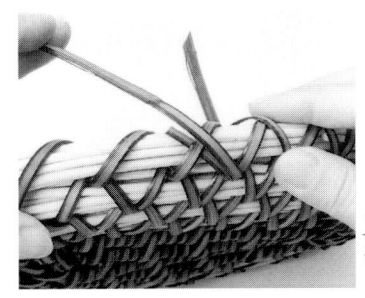

新しい皮籐

<皮籐の継ぎ方（柄出し）>
次の皮籐を差して、一巻き分重ねる

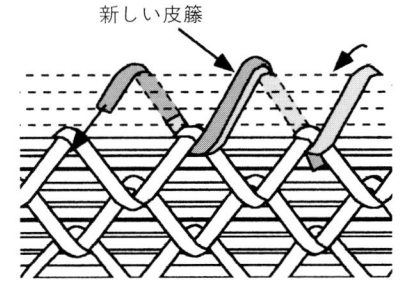

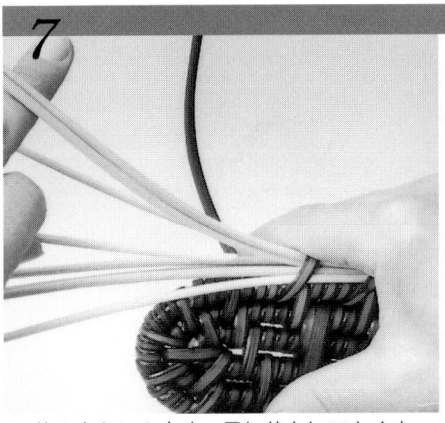

7
芯の中心に1本ずつ足し芯をして太くする<足し芯の仕方>

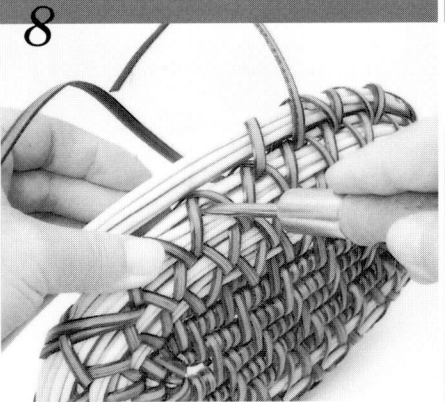

8
芯の束の半分くらいのところへ平切りを差し込み、皮籐を通して巻く
<立ち上がり>

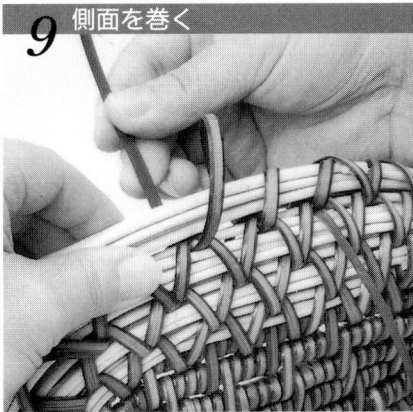

9 側面を巻く
3周目に入ったら、芯の上から3〜4本をすくって巻く

10
側面はV字がそろうように、進行中の頂点に交点をきちんと置いてきれいに巻く

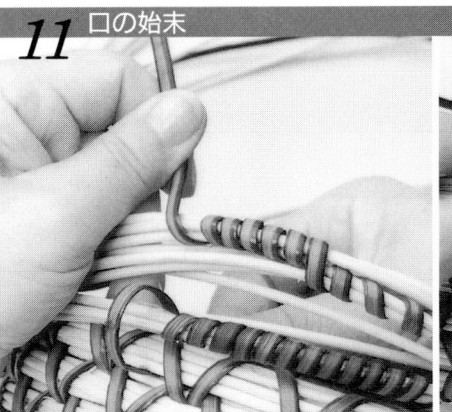

11 口の始末
2本の皮籐で芯をそれぞれ数本ずつまとめて飾り巻きをする

12
最後に全部を2〜3巻きしてまとめ、芯の長さを変えて切り、仕上げる

作品の作り方

編む
パッチワーク状のかご

カラー口絵 2 ページ

最初にかごの骨組みになる部分を作ります。全体をいくつかのブロックに分けて、それぞれの対比を考えながら模様を編み分けます。編み目模様や、素材の配分などを考えながら決めましょう。

― 材 料 ―

骨組み／直径2.5㍉の合金5m　フローラテープ　麻（生成り）20g
たて芯／日本あけび50g
編み糸／A・幅2㍉の皮藤（生成り）10g　B・皮むきのバゴバゴ150g　C・トウモロコシの皮50g　1.5㍉の丸芯（本ざらし）30g　D・芭蕉50g　♯26地巻きワイヤー10m　E・♯26地巻きワイヤー3m　麻10g　皮むきのバゴバゴ（細め）50g　仮止め用ワイヤー

■作り方

1 骨組みを作る

(1) 合金にフローラテープを巻き、その上に麻を広げるように巻いたものを5m作る。

(2) 型を作り、(1)で骨組みを作る（写真参照）。（型の作り方　66ページ参照）。

(3) 交点はゆるまないように、ワイヤーでしっかり仮止めする。

2 模様を編む （次ページ参照）

◆ポイント◆

多くのテクニックを使い過ぎないようにします。組み立てのときの2ブロックを、1模様に考えてもよいでしょう。最初に、素編みのように目の詰まったしっかりした編み目の部分を何か所か編んで、全体の形を整えます。

---

1 骨組みを作る

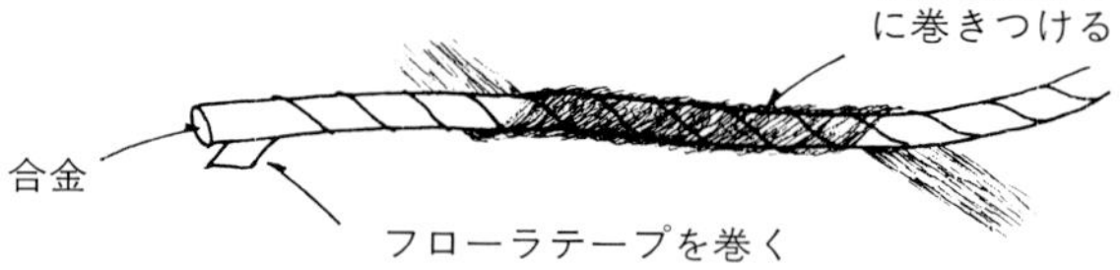

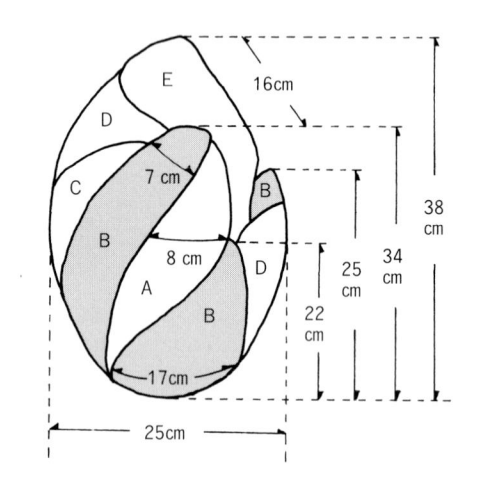

合金
フローラテープを巻く
ボンドをつけながら麻を広げるように巻きつける

寸法：E、D、C、B、A、B、D、B　7cm　8cm　17cm　16cm　22cm　25cm　34cm　38cm　25cm

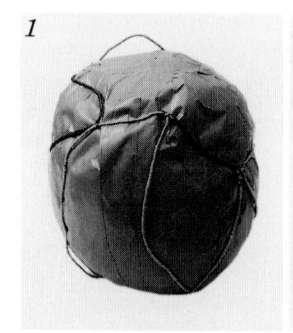

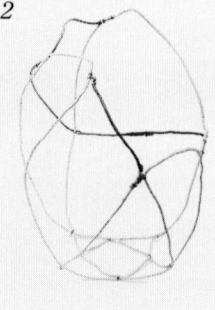

■骨組みの作り方

合金に麻を巻いたもので一筆描きのように形作る。交点は♯26ワイヤーで仮止めし、2ブロックを1模様に考えた場合は不要のワイヤーを切り落としたり、更にブロックを作るために加えたりする。

2 模様を編む

■Aの編み方
2㍉皮籐でみだれ編み、所々同じ皮籐でコイリング

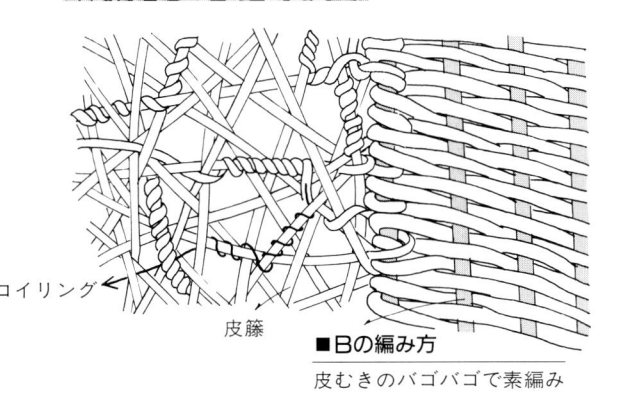

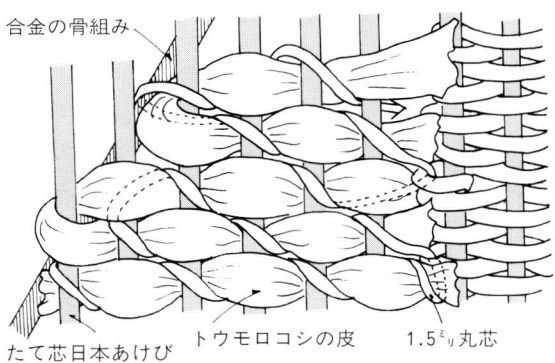

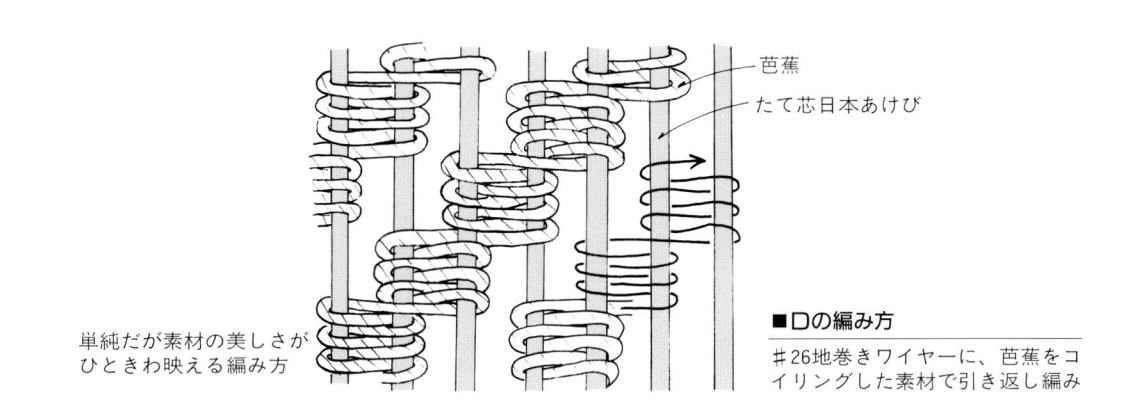

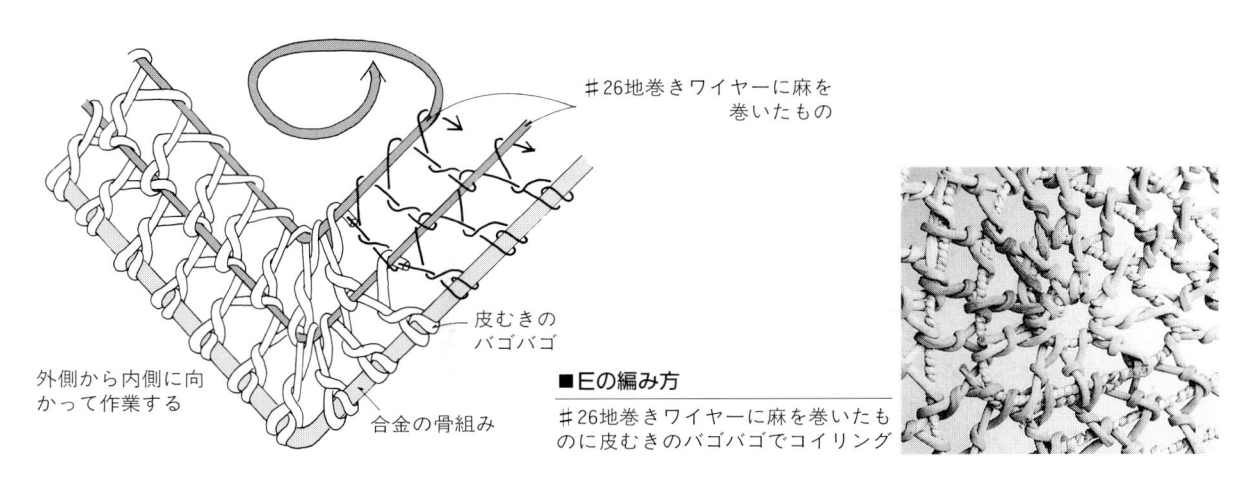

■Cの編み方
トウモロコシの皮と1.5㍉丸芯で2本縄編みの逆ねじり編み

合金の骨組み

コイリング
皮籐

■Bの編み方
皮むきのバゴバゴで素編み

たて芯日本あけび　　トウモロコシの皮　　1.5㍉丸芯

芭蕉
たて芯日本あけび

単純だが素材の美しさがひときわ映える編み方

■Dの編み方
#26地巻きワイヤーに、芭蕉をコイリングした素材で引き返し編み

#26地巻きワイヤーに麻を巻いたもの

外側から内側に向かって作業する

皮むきのバゴバゴ

合金の骨組み

■Eの編み方
#26地巻きワイヤーに麻を巻いたものに皮むきのバゴバゴでコイリング

49

編む

とうもろこしの皮を編んだかご

カラー口絵 3 ページ

トウモロコシの皮をふかふかに編んで、可愛いかごにしました。素材感を生かしたデザインとテクニックです。

─ 材 料 ─

深型
たて芯／直径2.5㍉の丸芯30cm×56本
編み糸／直径1.5㍉の丸芯(未ざらし)150g　トウモロコシの皮約80g
底板／直径13cmのコルク合板
布／15cm×15cm

浅型
たて芯／直径2㍉の丸芯22cm×44本
編み糸／直径2㍉の丸芯(未ざらし)150g　トウモロコシの皮50g　直径1.5㍉の丸芯に和紙を巻いたもの9m
底板／直径11cmのコルク合板
布／13cm×13cm

■作り方

①底を作る
(1)布の上にコルク面を上にして合板を置く。
(2)1cmのノリ代を残して布を切り、ボンドをつけて合板の溝に差し込む。

②たて芯を合板に差し込む
深型／合板の円周¼に14本
浅型／合板の円周¼に11本

■トウモロコシの皮の扱い方
縦に裂いて、2目分くらい重ねてつなぎながら編んでいきます。量を減らすときは細く裂いて使います。

①底を作る

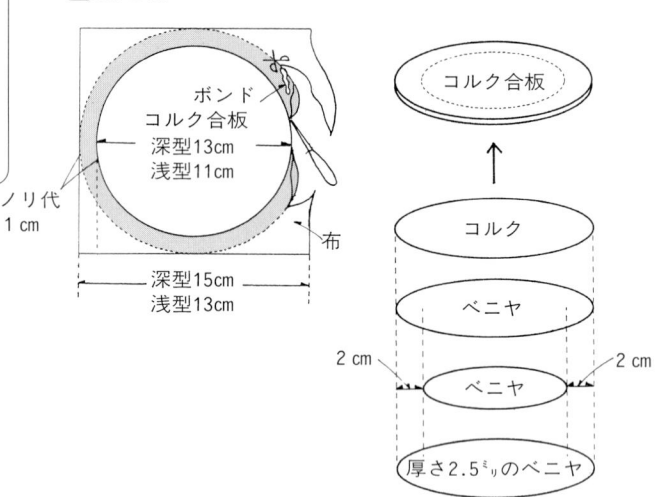

ボンド
コルク合板
深型13cm
浅型11cm
ノリ代 1cm
布
深型15cm
浅型13cm

コルク合板
↑
コルク
ベニヤ
ベニヤ
2cm　　　2cm
厚さ2.5㍉のベニヤ

②たて芯を合板に差し込む

¼周に深型14本
浅型11本のたて芯を
ボンドをつけて差し込む

¼

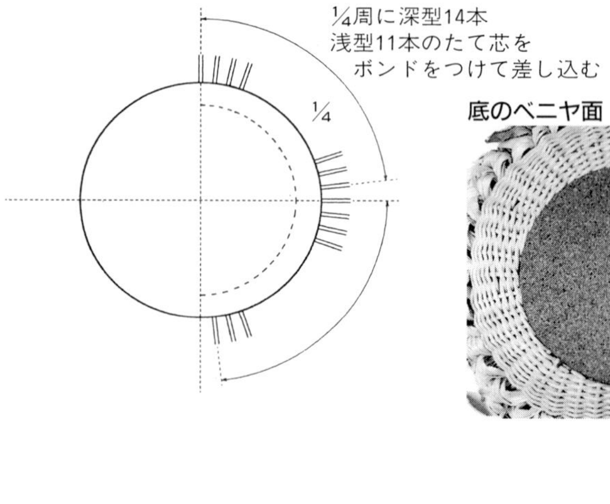

底のベニヤ面

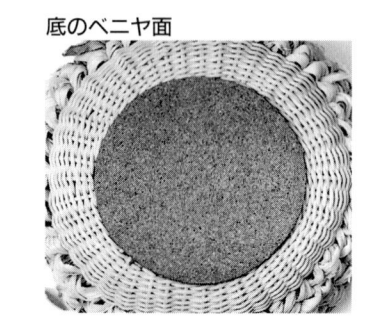

■編み方の種類(3種)

2本縄編み　　②①

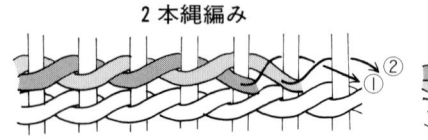

2本縄編み逆ねじり　　①②

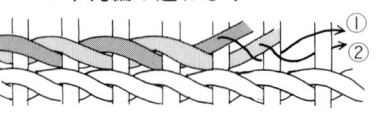

2本縄編み矢羽根

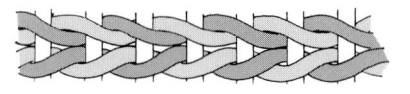

深型の口の始末

<深型の編み方>
②内側で2本飛び　①3本飛びで1周
口の始末

1.5㍉丸芯で
2本縄編み6段

2本縄編み矢羽根模様
1.5㍉丸芯とトウモロコシの皮

側面

反対にねじる

1.5㍉丸芯で2本縄編み3段

底　たて芯56本

<浅型の編み方>
口の始末
山谷の止め　山　谷

2㍉丸芯で
2本縄編み
4cm

1.5㍉丸芯に和紙を巻いたもの
2本縄編み1段

側面

トウモロコシの皮と1.5㍉丸芯に和紙を巻いたものでコイリング

トウモロコシの皮

2㍉丸芯で2本縄編み3.5cm

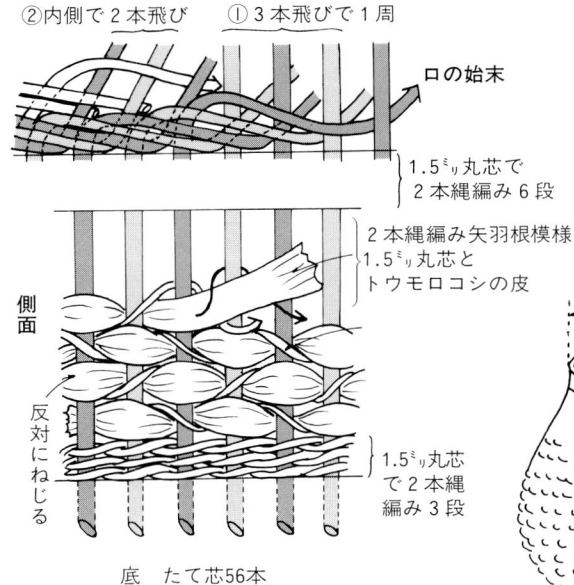

底　たて芯44本

③側面を編む

深型
(1) 1.5㍉丸芯で2本縄編みを3段編む。
(2) トウモロコシの皮と1.5㍉丸芯の2本縄編みで矢羽根模様を約14cm編む。次の段に入るところで谷・谷として段消しをする。
(3) 1.5㍉丸芯で2本縄編み6段編む。

浅型
(1) 2㍉丸芯で2本縄編みを3.5cm編む。
(2) トウモロコシの皮と1.5㍉丸芯に和紙を巻いたものでコイリングを2段、1.5㍉丸芯に和紙を巻いたもので2本縄編みを1段、これを3回繰り返し、約6～7cm編む。
(3) 2㍉丸芯で2本縄編みを4cm編む

④口の始末

深型／3本飛びで1周編み、内側を2本飛びで1周編む。

浅型／山・谷の止めで始末する。

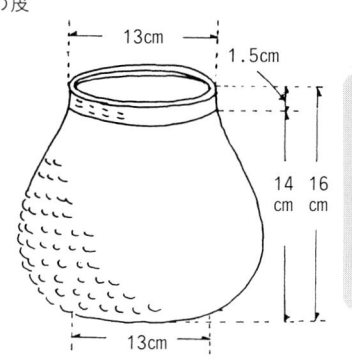

◆ポイント◆
深型はたて芯が狭くなるので、とうもろこしの皮の量を徐々に減らしながら編みます。内側につなぎ目を出して、きっちりめに編みます。

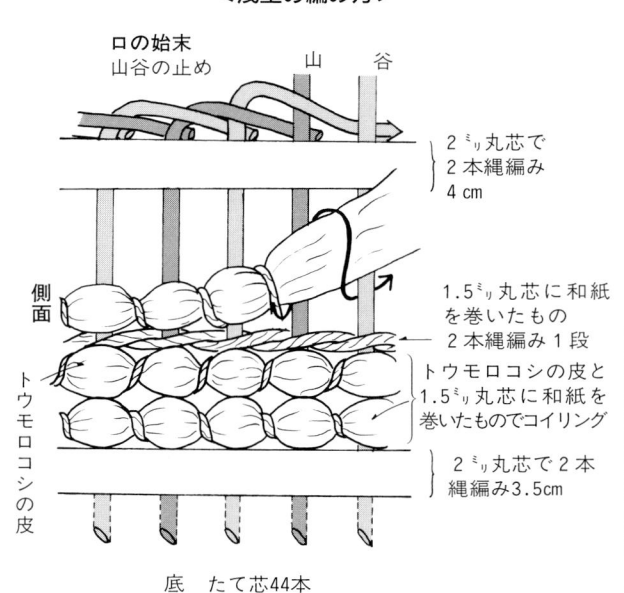

◆ポイント◆
浅型は和紙を巻いた1.5㍉の丸芯を強く引きながらコイリングすると、よりふっくらと仕上がります。つなぎ目の皮の先をときどき表面に出して遊ばせ、ラフな感じに仕上げます。

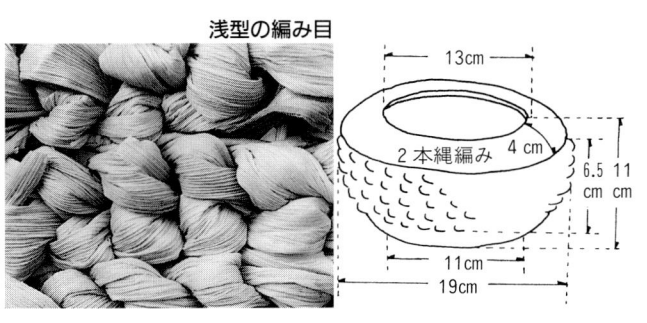

浅型の編み目

編む
縁飾りのかご
カラー口絵 4・5 ページ

オーソドックスな編み方ですが、デザインもよく、ひと味違うかご達です。薄めに染めたパームやしで可愛らしく縁飾りをしました。

楕円型(小)

材 料

- たて芯／直径2㍉の丸芯(中ざらし)20g(35cm×10本 30cm×22本・足し芯12cm×20本)
- 編み芯／直径1.5㍉の丸芯(本ざらし)30g
- 口用／直径2.5㍉の丸芯(未ざらし)55cm×6本
- 縁飾り／染めパームやし20g

■作り方

1 底と側面を編む(裏側を見て編む)

(1) 幅8cmに22本(11組)のたて芯を2本縄編みで止める。
(2) 横10本をワイヤーで仮止めし、1組として組み込み、2本縄編みの続きで2周して、ワイヤーをはずす。
(3) 編み糸を2本足して4本縄編みをする。横の10本は2本ずつに分けながら編む。
(4) 横10本の両側に4本ずつ足し芯をして、4本縄編みで合計6周する。
(5) 両端中央に2本ずつ足し芯をしながら側面を立ち上げ、4本縄編みで12段編む。

2 縁の始末
(55ページ参照)。

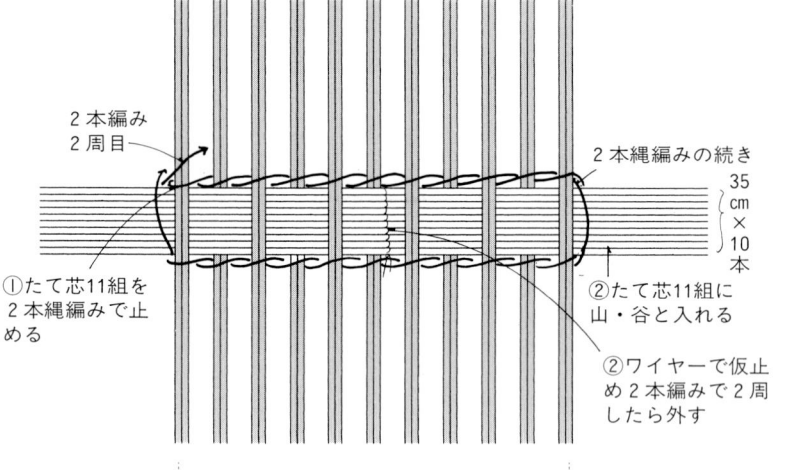

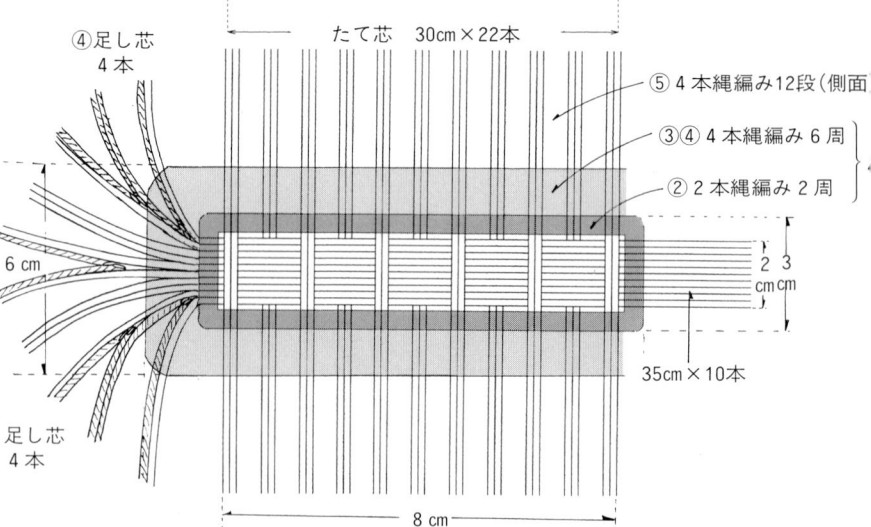

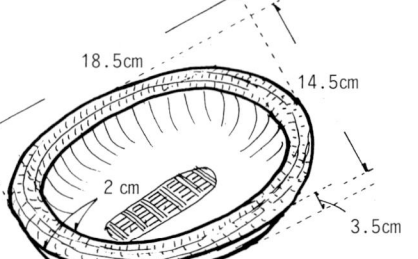

◆ポイント◆
一方向にねじり編みをすると楕円の場合、形がねじれやすいので、口の始末が終わったら霧吹きをして形を整え、重石をのせて乾燥させてから縁飾りをします。

1 底と側面を編む

- ①たて芯11組を2本縄編みで止める
- 2本編み2周目
- 2本縄編みの続き
- ②たて芯11組に山・谷と入れる
- ②ワイヤーで仮止め2本縄編みで2周したら外す
- 35cm×10本

- ④足し芯4本
- たて芯 30cm×22本
- ⑤4本縄編み12段(側面)
- ③④4本縄編み6周
- ②2本縄編み2周
- 6cm
- 2cm 3cm
- 35cm×10本
- 足し芯4本
- 8cm
- 両側に10本ずつ足し芯をしながら編む

- 18.5cm
- 14.5cm
- 2cm
- 3.5cm

楕円型(小)の底

丸型

材料

たて芯／直径2㍉の丸芯(未ざらし)50g[45cm×12本]
[足し芯20cm×20本]
編み芯／直径1.75㍉の丸芯(本ざらし)50g
口用／直径2.75㍉の丸芯(未ざらし)70cm×7本
底／直径2.75㍉の丸芯(未ざらし)75cm
縁飾り／染めパームやし30g

■作り方

1 底と側面を編む

(1) 幅4cmにたて芯6本を置き、2本縄編みで止める。
(2) 直角にたて芯6本を置き、2本縄編みで止め、3本ずつが井桁組みになるように、たて芯を組み替える。
(3) 2本縄編みで1周し、逆ねじりを1周して矢羽根模様にする(50ページ参照)。
(4) 編み糸を2本足して4本縄編みをスタートし、コーナーで4本ずつ足し芯をして3周する。
(5) 2.75㍉の丸芯を巻き込み、3本縄編み逆ねじりで2周する(54ページ参照)。
(6) コーナーで1本ずつ足し芯をして、たて芯をしごいて丸みをつけながら、4本縄編みで18段高さ約5.5cmまで編む。

2 縁の始末

(55ページ参照)。

1 底と側面を編む

④編み糸を2本足して4本縄編みスタート
③2本縄編みの矢羽根模様
最後ひと結び
たて芯6本
②井桁に組み直す
①たて芯6本を2本縄編みで止める
22.5cm
22.5cm
4cm
たて芯6本

丸型の底

20.5cm
2cm
7cm

11.5cm
①2本縄編み
③2本縄編み矢羽根1周
④4本縄編み3周
⑤2.75㍉丸芯を巻き込み3本縄編み逆ねじり2周
④⑥コーナー4か所で5本ずつ足し芯
⑥4本縄編み18段

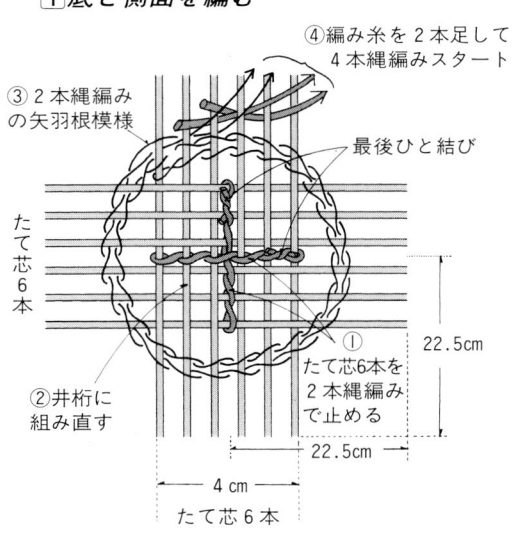

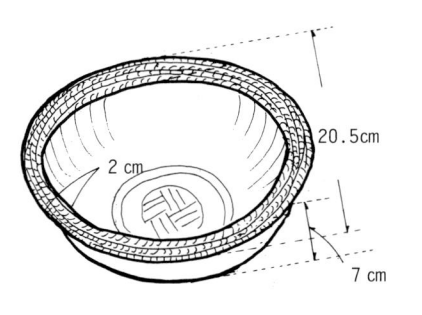

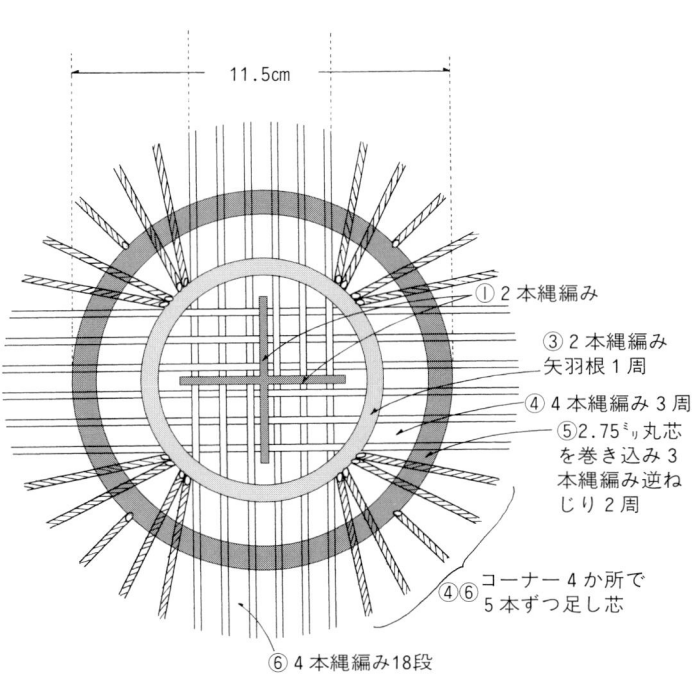

2本縄編み・2本縄編み矢羽根は50ページ参照

楕円型（大）

材料
- たて芯／直径2㍉の丸芯（未ざらし）50g
  [45cm×16本　50cm×8本]　[足し芯20cm×20本]
- 編み芯／直径1.75㍉の丸芯（本ざらし）80g
- 口用／直径2.75㍉の丸芯（未ざらし）75cm×7本
- 底／直径2.75㍉の丸芯（未ざらし）1.2m
- 縁飾り／染めパームやし40g

■作り方

1 底と側面を編む

(1) 幅11.5cmにたて芯16本（45cm）を置き、2本縄編みで止める。

(2) 直角にたて芯8本（50cm）を置き、2本縄編みで止める。

(3) 4本ずつが井桁組になるように入れ替えて、左右を2本縄編みで止める。

(4) 2本縄編み矢羽根で1周する。

(5) コーナーで、4本ずつ足し芯をしながら、4本縄編みで4周する。

(6) 2.75㍉の丸芯を巻き込み、3本縄編みの逆ねじりで2周する。

(7) たて芯をしごいて、立ち上がるようにくせづけし、コーナーで1本ずつ足し芯をして4本縄編みで15段高さ約5cmまで編む。

2 縁の始末

55ページ参照。

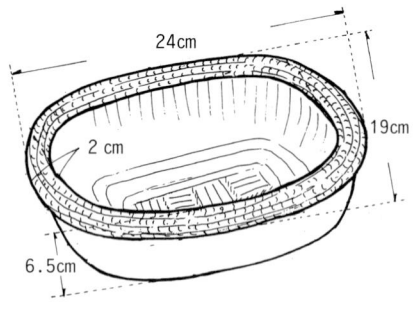

1 底と側面を編む

- ⑥2.75㍉丸芯を巻き込み 3本縄編み逆ねじり2周
- ⑤4本縄編み4周
- ④2本縄編み矢羽根1周
- ⑦4本縄編み15段
- ①たて芯16本を2本縄編みで止める
- ③2本縄編み
- ②たて芯8本を2本縄編みで止める
- ③2本縄編み
- コーナー4か所で5本ずつ足し芯

寸法：24cm、19cm、2cm、6.5cm
11.5cmたて芯16本、18.5cm
5.5cm たて芯8本、12.5cm

■編み方の種類（2種）

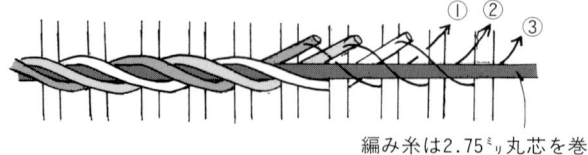

3本縄編み逆ねじり
編み糸は2.75㍉丸芯を巻き込み、2山・1谷と編む

4本縄編みと編み糸の継ぎ方
編み糸は2山・2谷と編む

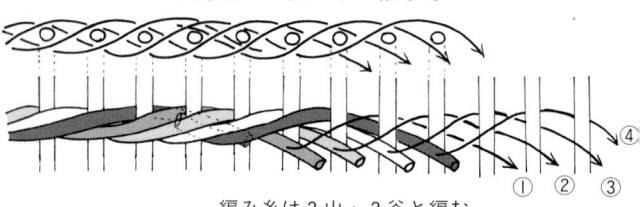

③縁の始末
(1) 2山・2谷の素編みで1周し、基本の止めをする。

④縁飾り
(1) 2.75㍉の丸芯(円周＋5cm) 6～7本で、口の基本の始末の部分をくるむようにワイヤーで仮止めする。
(2) 素編み1周分をはずし、透き間を作る。
(3) 2.75㍉の丸芯をパームやしでコイリングしながら往復し、2～3cmごとに(2)の透き間に針を通して本体に接続する。
(4) 縁飾りは、本体に丸くしっかりつくように接続する。

③縁の始末

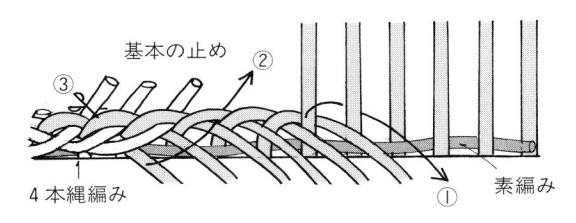

- 基本の止め
- ③
- ②
- ①
- 4本縄編み
- 素編み

④縁飾り

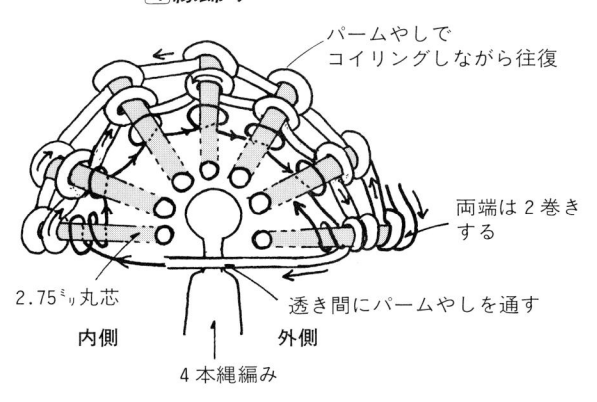

- パームやしでコイリングしながら往復
- 両端は2巻きする
- 2.75㍉丸芯
- 透き間にパームやしを通す
- 内側
- 外側
- 4本縄編み

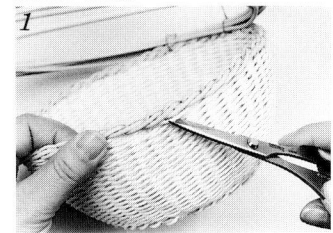

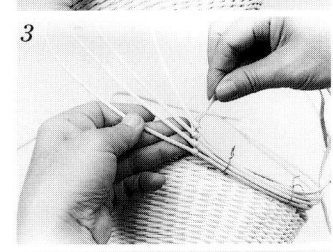

＜パームやしのつなぎ方＞
新しいパームやしの先端をU字にして、短くなったものと一緒に撚りをかけてコイリングする

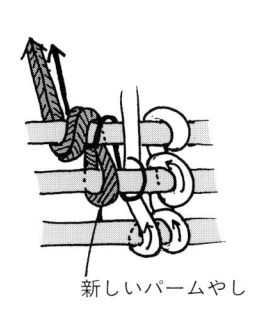

- 新しいパームやし

＜最後の始末＞
左右からの丸芯の先端を斜めにカットし、ワイヤーで1周ねじり本体に仮止めする。パームやしを毛糸針に通し、コイリングして編み埋める

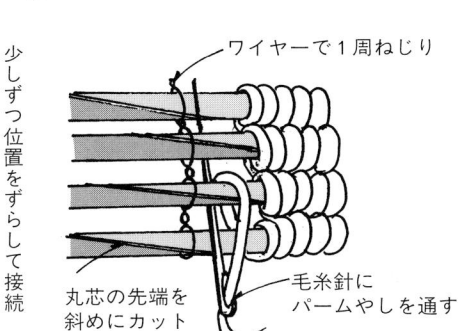

- ワイヤーで1周ねじり
- 少しずつ位置をずらして接続
- 丸芯の先端を斜めにカット
- 毛糸針にパームやしを通す

縁飾りの順序
1
2
3
4

他の2点の作り方も同様にします。

織る
木の枝のタペストリー

カラー口絵 1 ページ

立体のかごを編む感覚で、織物を織りました。たて糸にからむし（麻糸）を張り、野山で採取した素材を自由に織り込んでいます。

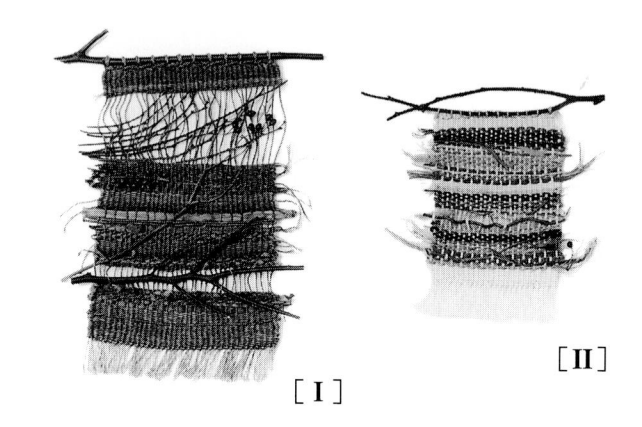

― 材　料 ―
からむし　木の皮　欅の枝　野いばらの小枝　ねこじゃらし　麻糸　タッサーシルク
ボード　クシ　ウィービング針または毛糸針　厚紙

［Ⅰ］　［Ⅱ］

■作り方（タペストリー［Ⅰ］）

①織り機を作る
(1)ボードを寸法通りにカットし、穴をあける。
(2)穴の裏側で玉結びをして、たて糸を張る。

②織り始め
(1)房用のたて糸を残すために、幅2cmの厚紙を織り込む。
(2)織り始めの糸を、房の始末用に30cmくらい出しておく。
(3)ウィービング針を使い、麻糸で2cm、平織りにする。山・谷、山・谷とすくい、粗めのクシで目を詰める。

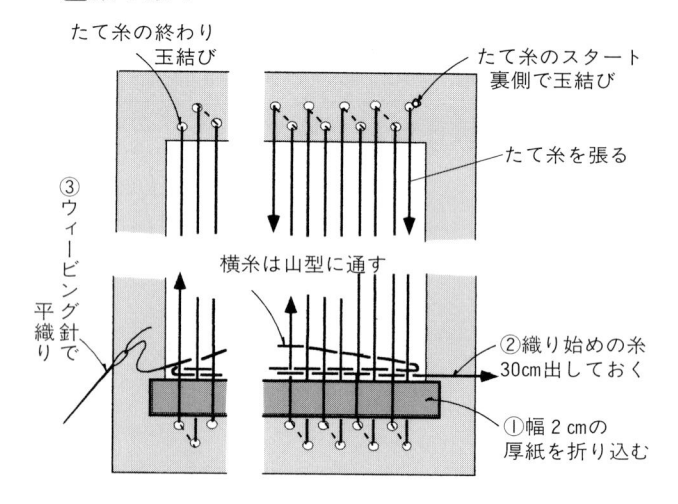

◆ポイント◆
たて糸の張り方は、ゆる過ぎたり強過ぎたりしないようにしましょう。素材を織り込みながら、所々に平織りを入れていくと、織り地が安定します。

ボードの織り機にたて糸を張る

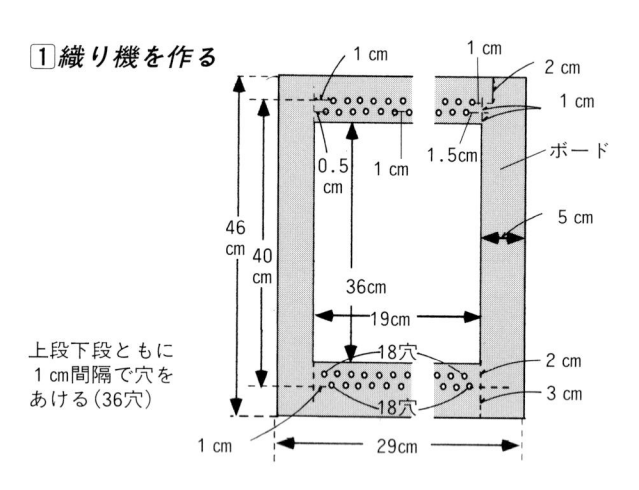

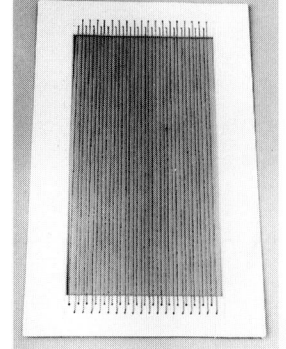

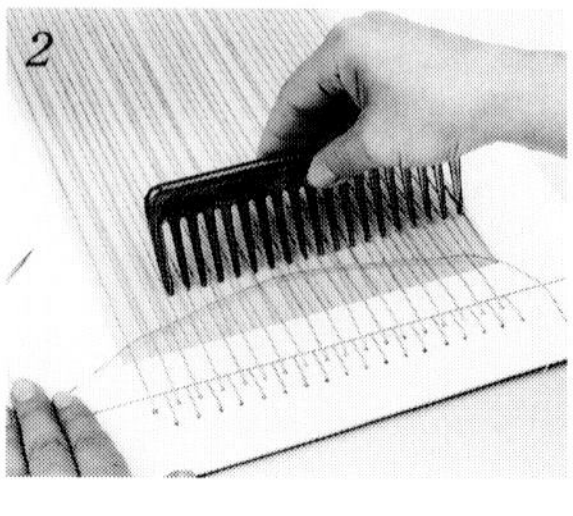

①織り機を作る
上段下段ともに1cm間隔で穴をあける（36穴）

②織り始め
- たて糸の終わり　玉結び
- たて糸のスタート　裏側で玉結び
- たて糸を張る
- ③ウィービング針で平織り
- 横糸は山型に通す
- ②織り始めの糸30cm出しておく
- ①幅2cmの厚紙を折り込む

■織るときのコツ
素材を山・谷、山・谷とすくい、粗めのクシで上からトントンと目を詰める。クシをなるべく上の方から入れて、たて糸の間隔を均等にする。

タペストリー [Ⅱ]

[Ⅰ]のボードを使用
たて糸を張り、寸法通りに織る(25本)

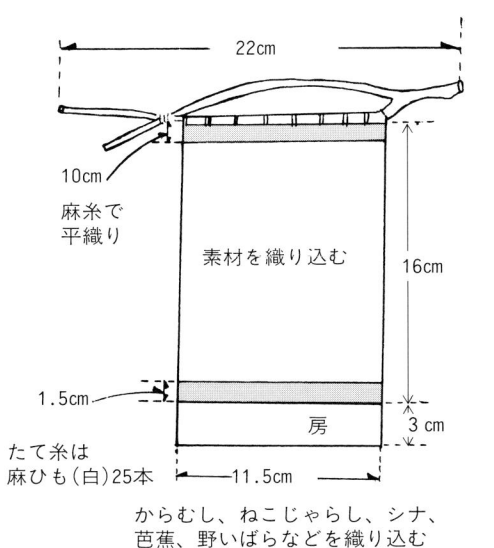

- 22cm
- 10cm 麻糸で平織り
- 素材を織り込む
- 16cm
- 1.5cm
- 房 3cm
- 11.5cm
- たて糸は麻ひも(白)25本
- からむし、ねこじゃらし、シナ、芭蕉、野いばらなどを織り込む

③素材を織り込む

(1)針に通らない素材は手で織り入れながら、たて糸を10cm残して平織りをする。

④房の始末

(1)厚紙を抜き取り、始めに出しておいた30cmの糸で、2本の織り糸を巻く。
(2)穴の下でたて糸を切り、縒りをほどいてクシですき、先端を切りそろえる。

⑤上の始末

(1)三つ編みした芯12本を枝に巻いて始末をする。

⑤上の始末

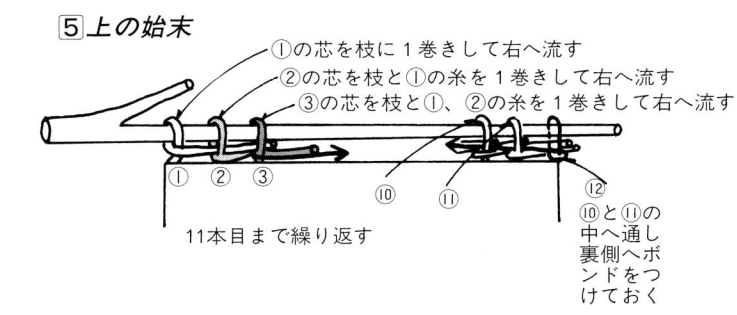

- ①の芯を枝に1巻きして右へ流す
- ②の芯を枝と①の糸を1巻きして右へ流す
- ③の芯を枝と①、②の糸を1巻きして右へ流す
- 11本目まで繰り返す
- ⑩と⑪の中へ通し裏側へボンドをつけておく

欅の枝

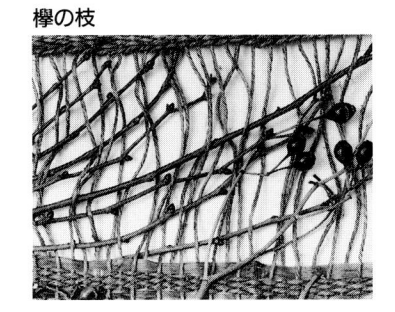

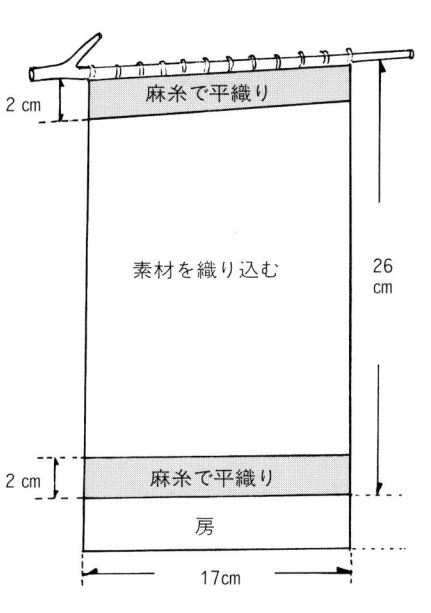

③素材を織り込む

欅の枝、野いばら、桑の皮、くるみの皮、ナシなどを織り込む

- 2cm 麻糸で平織り
- 素材を織り込む
- 26cm
- 2cm 麻糸で平織り
- 房
- 17cm

欅・タッサーシルク

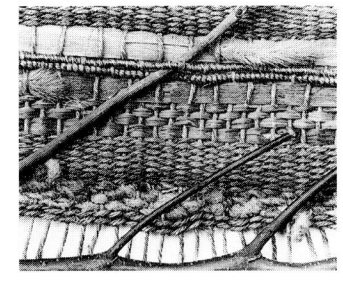

④房の始末

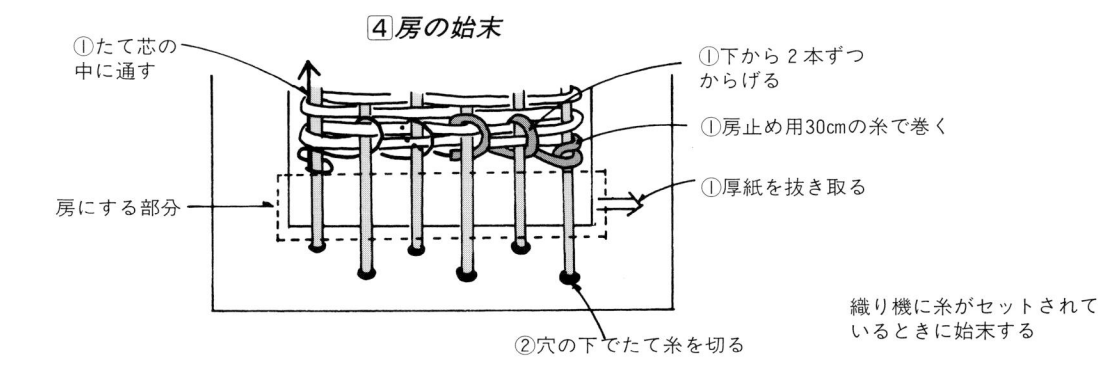

- ①たて芯の中に通す
- 房にする部分
- ②穴の下でたて糸を切る
- ①下から2本ずつからげる
- ①房止め用30cmの糸で巻く
- ①厚紙を抜き取る
- 織り機に糸がセットされているときに始末する

編む
太づるの皿

カラー口絵 9 ページ

面白い枝や太づるが手に入ったら作って見ましょう。編む前に、素編みとみだれ編みのバランスや角度を決めてから編み始めます。ラフで良いデザインです。

―――― **材　料** ――――
大　直径2〜2.5cmの山ぶどうのつる45cm×2本
バゴバゴ300g［たて芯／1m×3本　27cm×10本］
小　直径1.5cm〜2cmのぶどうづる25cm×2本
バゴバゴ100g［たて芯／80cm×3本　20cm×6本］
仮止め用ワイヤー　ボンド

■作り方(大)

1 たて芯をつるに差し込む
(1)太づるのたて芯を差し込む位置に印をつける。
(2)両端と真ん中、合わせて5〜6か所に突き通しの穴をあける。残りは太づるの半分くらいの深さまで穴をあけ、ボンドをつけて、たて芯を差し込む。

2 素編みをする
(1)紙に書いたラインに沿って、引き返し編みをしながら素編みをする。
(2)編み終わりの3cm手前になったら、たて芯の先端を穴に合わせてカットし、ボンドをつけて差し込む。
(3)素編みで残り3cmを編み埋める。

3 みだれ編みをする
(1)たて芯の残りや新しい編み糸を足しながら編み埋める。
(2)仮止めワイヤーをはずす。

4 形づける
(1)全体が湿っているうちに、ぶどうづるを立ち上げ、ひもなどでしばって形づける。

◆**ポイント**◆
素編みの広い部分から編み始め、素編みの角度に合わせて引き返し編みの回数を増減します。紙の上にどんな角度にするかラインを引いて決めておきます。

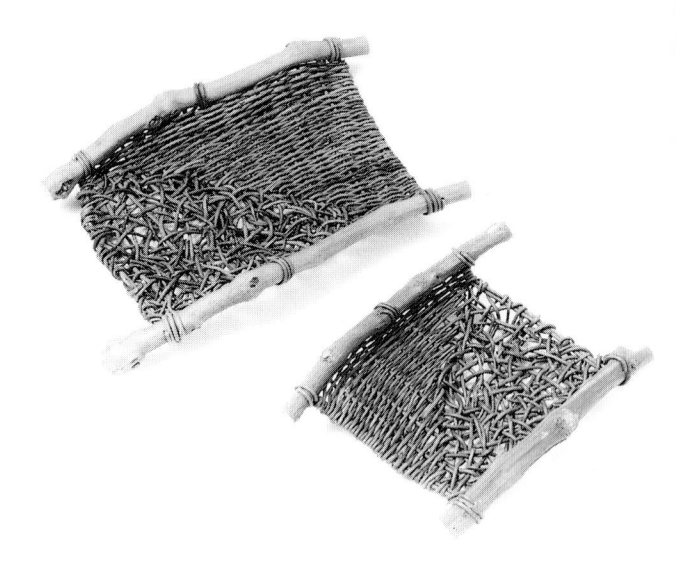

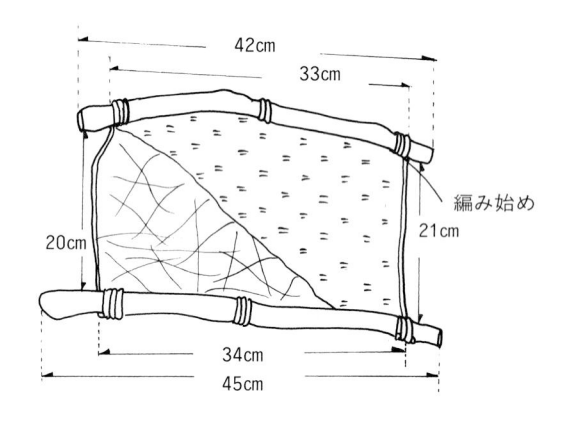

太づるの皿(小)

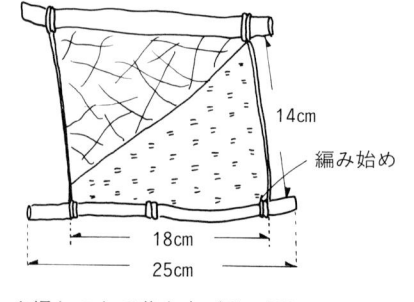

つき通しのたて芯を太づるの下に
20cm出して3巻きし、素編みをする

太づるに3巻きする

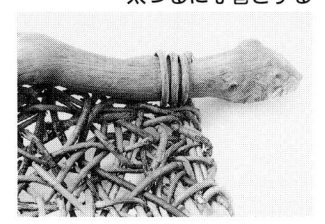

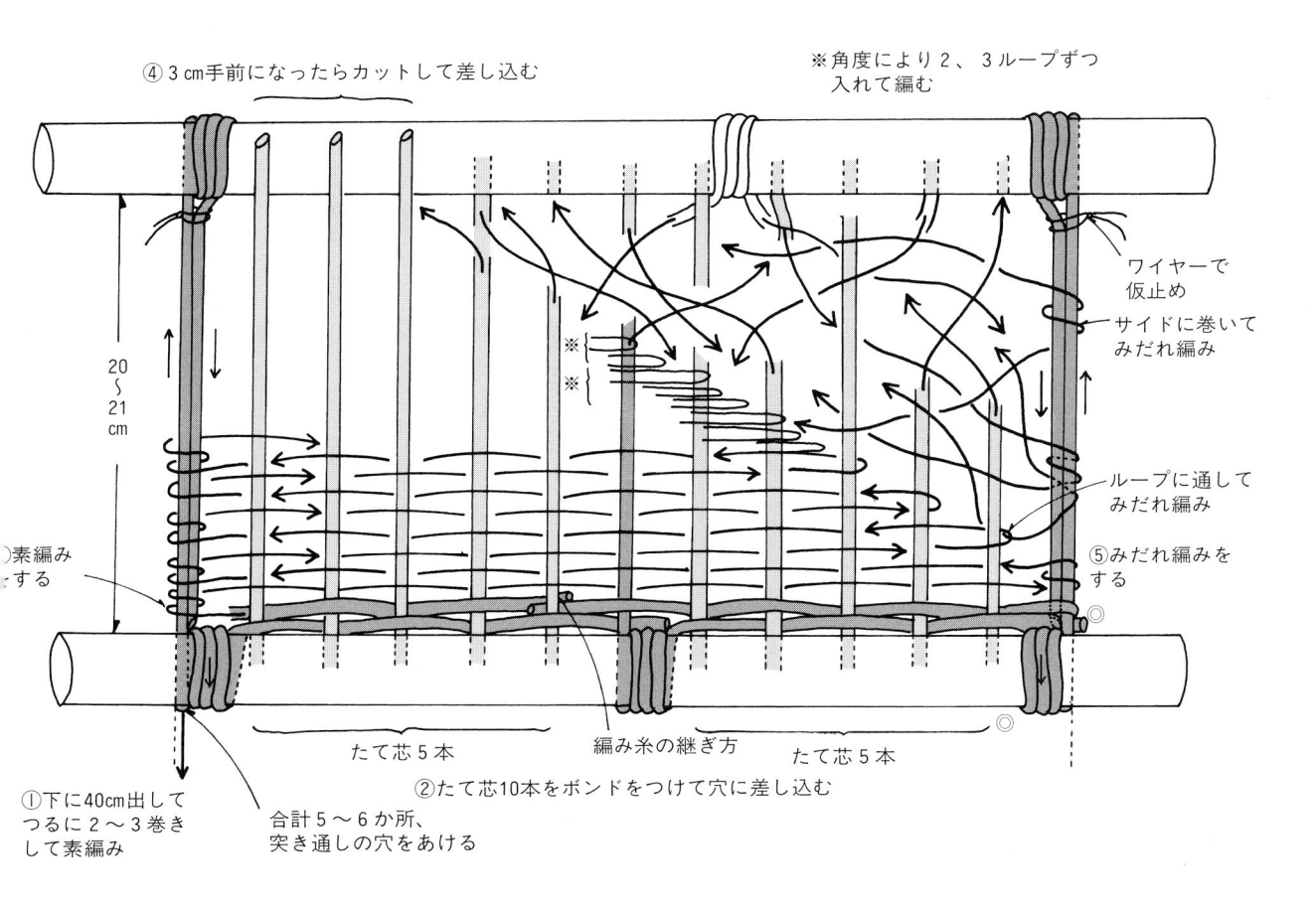

④3cm手前になったらカットして差し込む

※角度により2、3ループずつ
　入れて編む

ワイヤーで仮止め

サイドに巻いてみだれ編み

20〜21cm

ループに通してみだれ編み

⑤みだれ編みをする

素編みをする

①下に40cm出してつるに2〜3巻きして素編み

合計5〜6か所、突き通しの穴をあける

たて芯5本

編み糸の継ぎ方

たて芯5本

②たて芯10本をボンドをつけて穴に差し込む

素編みとみだれ編み

ひもでしばって形づける

59

編む
太枝のかご

カラー口絵 8 ページ

太づるの皿を参照して作ります。枝やつるに合わせて、どんなサイズも自由に作ることができます。マガジンラック、野菜入れなど用途はいろいろ……

材料

直径 3 ～ 3.5cm の白樺の枝 3 本
たて芯／直径 5 ㍉の丸芯 75cm × 23 本
両端の足し芯／皮むきのバゴバゴ 2 m × 2 本
編み糸／皮むきのバゴバゴ（太め）約 800g
クギ　ひも　仮止め用ワイヤー

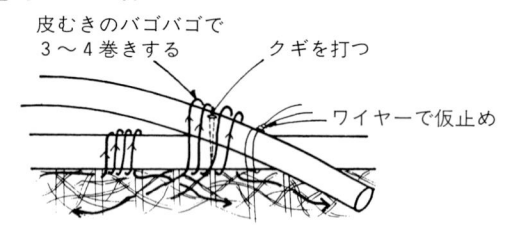

■作り方

1 たて芯を差し込む

(1) ドリルで直径 5 ㍉の穴をあけ、5 ㍉丸芯 23 本にボンドをつけて差し込む。
(2) 両端のたて芯に皮むきのバゴバゴを 1 本ずつ添えて枝に 3 ～ 4 巻きし、中心に向かって素編みをする。

2 素編みとみだれ編みをする
3 形づける

2・3 とも 58 ページ「太づるの皿」を参照。

4 裏面を補強する

(1) 枝の裏側に穴をあけ、皮むきのバゴバゴを差し込み、みだれ編みで裏面を編む。

5 持ち手をつける

(1) 持ち手と枝をワイヤーで仮止めする。
(2) ドリルで穴をあけ、クギを打ち、皮むきのバゴバゴで 3 ～ 4 巻きしてクギをかくす。

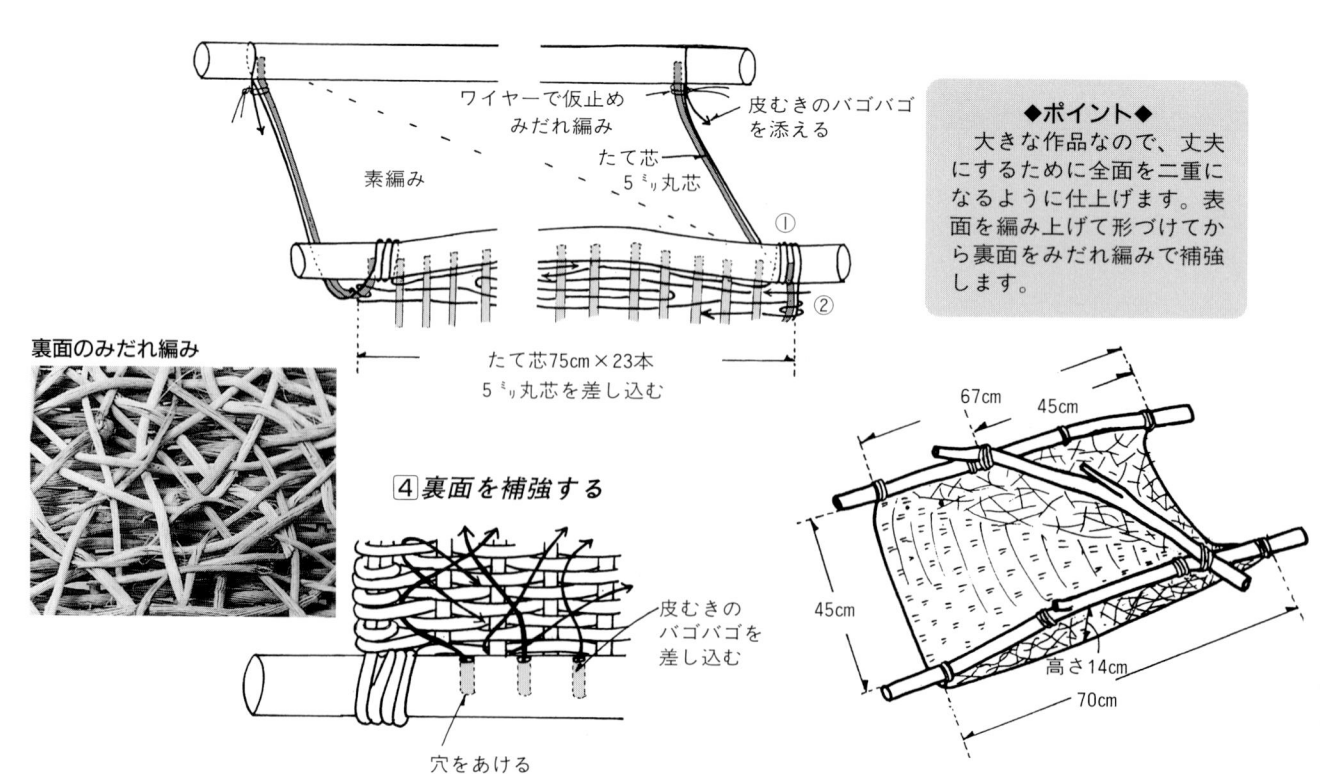

◆ポイント◆

大きな作品なので、丈夫にするために全面を二重になるように仕上げます。表面を編み上げて形づけてから裏面をみだれ編みで補強します。

5 持ち手を付ける
- 皮むきのバゴバゴで 3 ～ 4 巻きする
- クギを打つ
- ワイヤーで仮止め

- ワイヤーで仮止め
- みだれ編み
- 素編み
- 皮むきのバゴバゴを添える
- たて芯 5 ㍉丸芯
- たて芯 75cm × 23 本 5 ㍉丸芯を差し込む

裏面のみだれ編み

4 裏面を補強する
- 皮むきのバゴバゴを差し込む
- 穴をあける

67cm　45cm
45cm
高さ 14cm
70cm

編む
白樺の枝のかご
カラー口絵10・11ページ

プロセス40ページを参照して作ります。たて芯の流れで形を作り、途中に引き返し編みを入れながら、好みの形を作っていきます。

材　料
直径約2.3cmの白樺の枝40cm
たて芯／直径2.75㍉の丸芯（未ざらし）50g
［1.3m×3本　65cm×3本・足し芯は20〜80cmを約12本切る］
編み芯／直径2.5㍉の丸芯（未ざらし）200g

■作り方

①枝にたて芯を通す
(1)ドリルで2.8㍉の穴をあけ、3本(1.3m)を貫通、3本をボンドをつけて差し込む。

②編む
(1)両端に1本ずつ足し芯をして2本縄編みで1段編み、両端を2巻きしながら素編みをする。
(2)足し芯をしながら、引き返し編みで大きくふくらませて形作る(中央部分たて芯18組)。
(3)たて芯を減らしながら編み、枝の穴に7本を貫通させる。
(4)両端に、2本ずつ足し芯をして、7cm幅で13cm素編みする。
(5)たて芯を3本残して、本体に編み込む。

①枝にたて芯を通す
1.3m×3本 貫通させる　　65cm×3本 差し込む
4cm　5cm

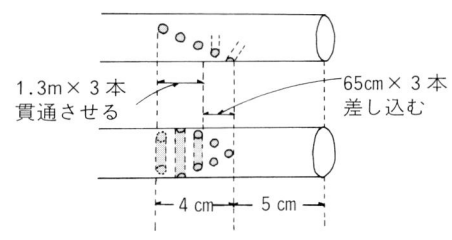

②編み始め
50cm出す
2本縄編み
手前に80cm出す
両端に1本ずつ足し芯をする

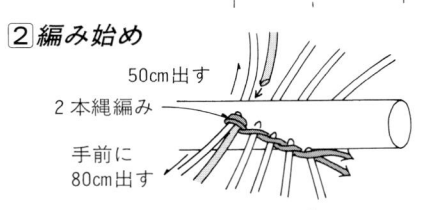

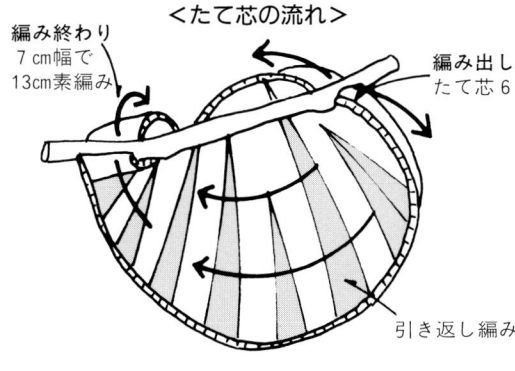

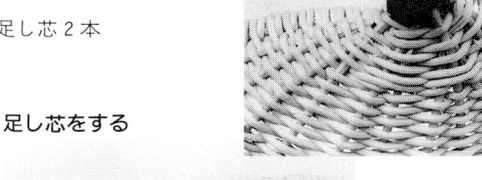

編み始め

足し芯をする

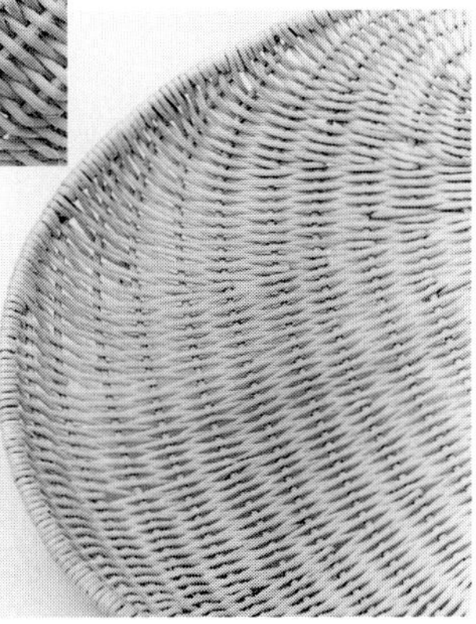

＜たて芯の流れ＞
編み終わり 7cm幅で13cm素編み
編み出し たて芯6本と足し芯2本
引き返し編み

編み終わり

5cm
20cm
6cm
22cm
60cm

中心を広げる

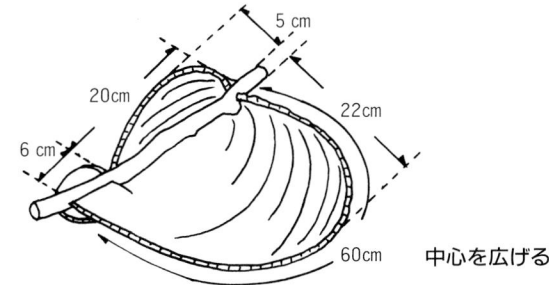

短い枝のかご

　身近にある枝に合わせて、かごの形を決めたらこんな可愛いかごができました。自然素材の生成りで編んでありますが、微妙に色が違うので素敵なストライプになります。白樺の白にぴったりのハーモニーです。

材　料

直径2.5cmの白樺の枝15cm
たて芯／直径2.75㍉の丸芯(中ざらし)100g
[80cm×1本　45cm×5本][足し芯40cm×2本　45cm×10本]
編み糸／皮むきのバゴバゴ30g
素材(♯26ワイヤーに麻、芭蕉をコイリングしたもの)
約20m

■作り方

①枝にたて芯を通す
(1)ドリルで枝に穴をあけ、たて芯1本を貫通、5本をボンドをつけて差し込む。

②前面を編む
(1)足し芯をしながら、素編みと引き返し編みで半径10cmの半円状になるまで編む。
(2)皮むきのバゴバゴや丸芯、素材を交互に編み込みながら高さ14cmくらいまで編む。

③側面を編む
(1)たて芯17組(19本)をしごいてカーブをつけ、素材を編み込みながら、約12cm編む。

④後面を編む
(1)たて芯をしごいてカーブをつけ、前面と逆に減らし目をしながら枝に向かって編む。
(2)残り3cmになったら、枝の反対側に穴をあけ、たて芯にボンドをつけて差し込む。
(3)空間を編み埋める。

◆ポイント◆
引き返し編みの連続になるため、両端が入りやすくなるので注意します。

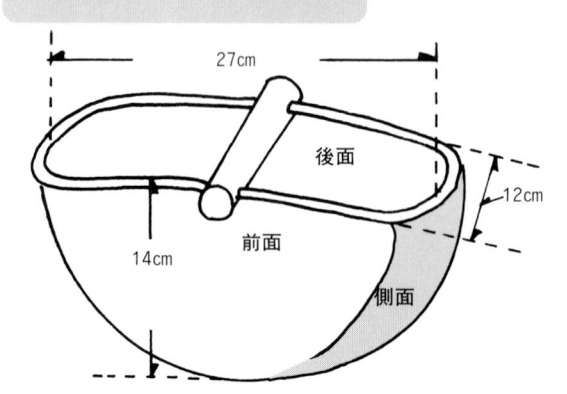

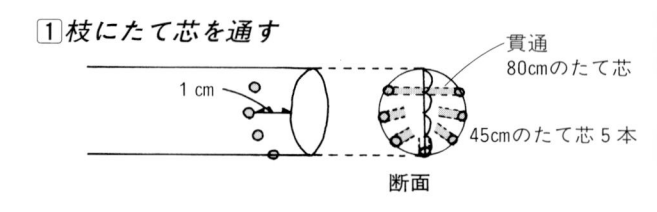

① 枝にたて芯を通す

貫通
80cmのたて芯
1cm
45cmのたて芯 5本
断面

② 前面を編む

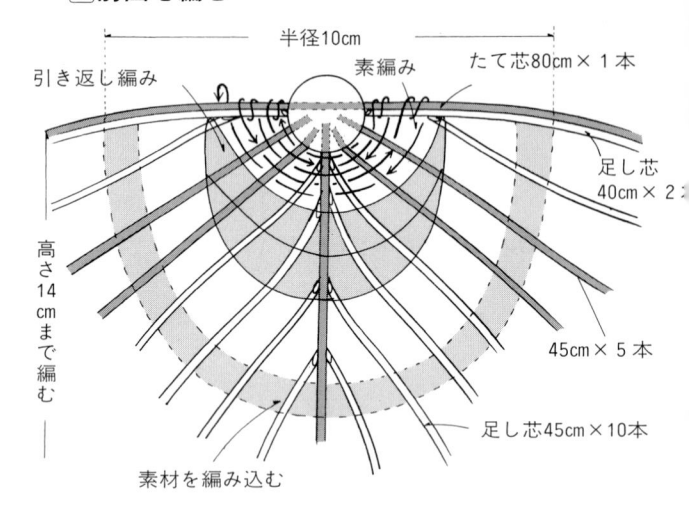

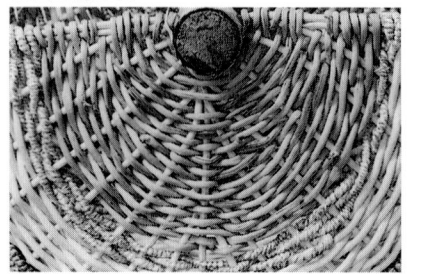

半径10cm
素編み
たて芯80cm×1本
引き返し編み
足し芯
40cm×2
45cm×5本
足し芯45cm×10本
素材を編み込む
高さ14cmまで編む

27cm
後面
前面
側面
14cm
12cm

後面の編み目

二又のかご

材料

直径2.8cmの白樺の枝36cm
たて芯／日本あけび50g[45cm×13本・足し芯40cm×7本]
編み糸／皮むきのバゴバゴ150g
素材(♯26地巻きワイヤー2本取りにからむしの縄をコイリングしたもの)7m　麻など

■作り方

1. 枝にたて芯13本を差し込む
2. 編む

(1) 2本縄編みで編み始める。
(2) 皮むきバゴバゴと素材をバランスよく入れて、足し芯7本をしながら、素編みの他に2本縄編みや矢羽根編みで透かし部分を入れながら編む。
(3) 最後はたて芯18本になるように減らしながら編み、二又の枝に4本と5本差し込む。
(4) 側面のたて芯は9本.(写真参照)。

1 たて芯を差し込む

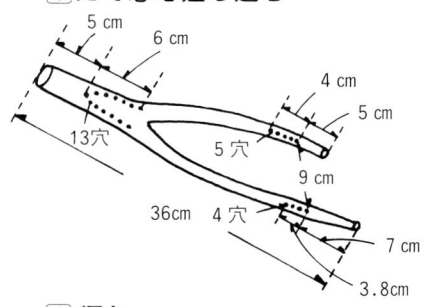

2 編む

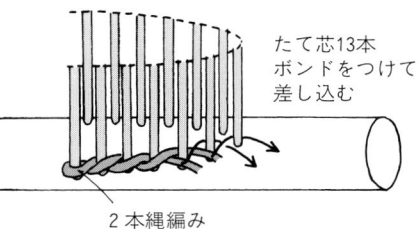

たて芯13本
ボンドをつけて
差し込む

2本縄編み

前面の編み目

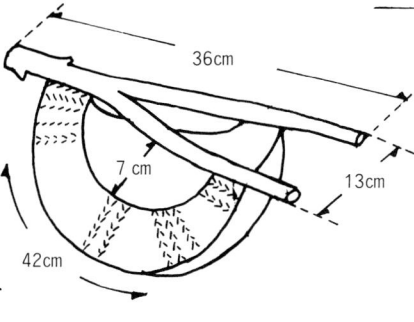

＜2本縄編み矢羽根のターンと編み糸の継ぎ方＞

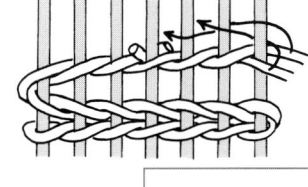

側面のたて芯9本

白樺の枝のかご(丸型)

40ページプロセス作品

材料

直径2㍉の白樺の枝20cm
たて芯／直径2.75㍉の丸芯30g
編み糸／皮むきバゴバゴ80g
麻、芭蕉などを♯24ワイヤーにコイリングしたもの10本　乾燥したトウモロコシの葉

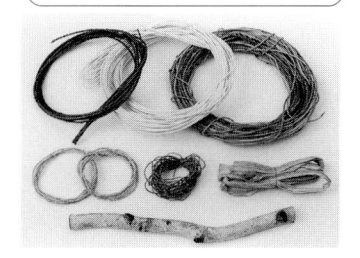

でき上がり寸法
縦19cm×横21cm×高さ12cm
最大のたて芯17本

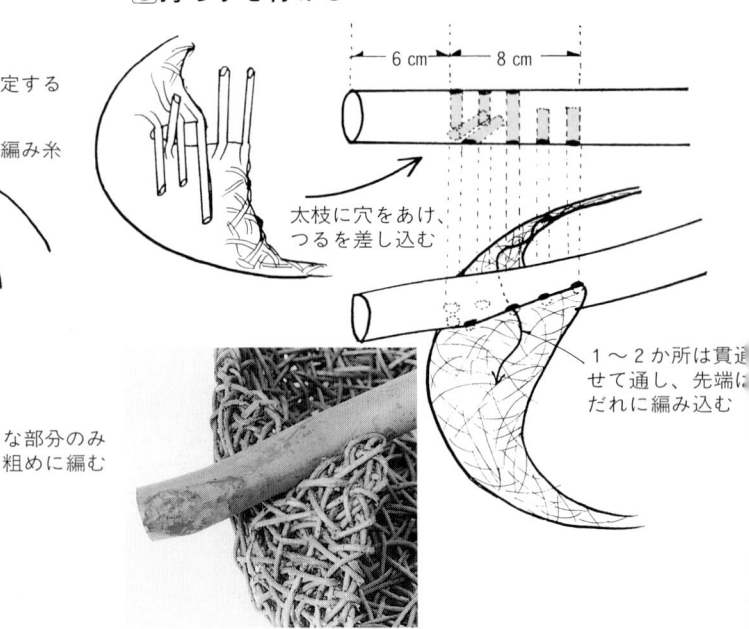

編む
層のあるみだれ編みのかご
カラー口絵14・15ページ

持ち手は娑羅の木の枝です。とても美しい枝だったので、枝の形に添わせるようにかごを編みつけました。厚みのある新しい感覚のかごです。

――― 材 料 ―――
娑羅の木の太枝63cm　日本あけび 1.3kg
ダンボール　ガムテープ

■作り方（プロセス38ページ参照）

①**型を作る**
(1)ダンボールで型紙を作り、太枝の形、カーブに合わせてダーツの深さや場所を調節して型を作る。ダーツの重なり目は指でつぶしてなめらかにする。

②**みだれ編みをする**
(1)台（箱）の上に型をかぶせる。
(2)型に合わせて、層になる3枚のみだれ編みを編む。
外側／型の大きさに編む。
中間／底の平らな部分のみ、少し粗めに編む。
内側／型より2～3cm控えめに編む。
(3)3枚を重ねて形を仕上げる。

③**持ち手を付ける**
(1)太枝に穴の位置を決めてあけ、ボンドをつけてみだれ編みの先端を穴に差し込む。
(2)1～2か所は枝を貫通させて通し、先端をみだれ編みに編み込む。

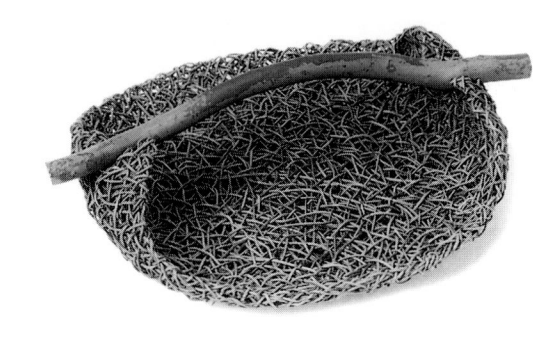

①**型を作る**（段ボール）

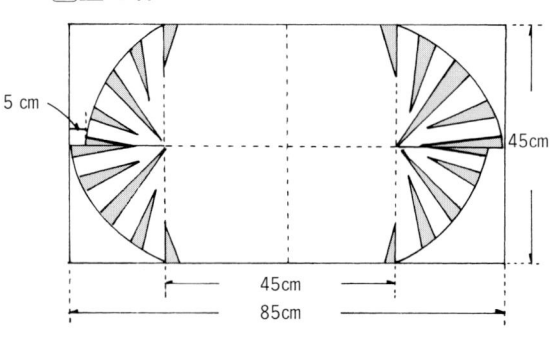

楕円の型

②**みだれに編む**

型を台にかぶせる
数か所をガムテープで固定する
編み糸
台（箱）

＜3枚のみだれの面の編み方＞

外側は型の大きさに編む
中間は底の平らな部分のみ粗めに編む
内側は型より2～3cm控えめに編む

③**持ち手を付ける**

太枝に穴をあけ、つるを差し込む

1～2か所は貫通させて通し、先端にみだれに編み込む

層のあるみだれ編みのかご
38ページプロセス作品

― 材 料 ―
丸型／日本あけび600ｇ
楕円型／日本あけび 350ｇ
ダンボール　ガムテープ　目打ち　新聞紙　ビニール袋

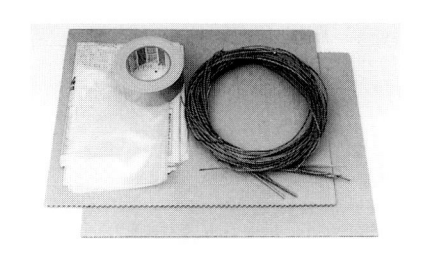

＜型の作り方＞

楕円型

でき上がり寸法
直径30cm×18cm
高さ13cm

底になる部分はプロセスを参照して平らに安定するように切りそろえます。

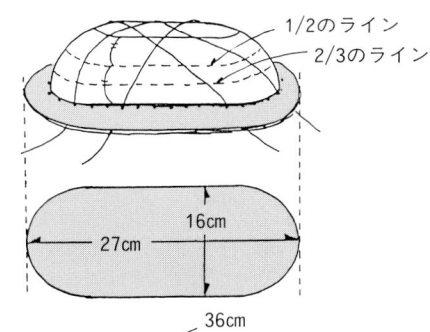

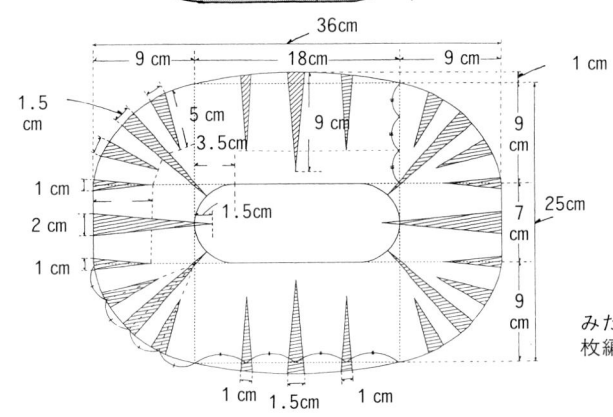

- 1/2のライン
- 2/3のライン

27cm　16cm

36cm　9cm　18cm　9cm　1cm
1.5cm　5cm　3.5cm　9cm　9cm
1cm　2cm　1cm　25cm　7cm　9cm
1cm　1.5cm　1cm
1.5cm

みだれ編みを4枚編んで重ねる

丸　型

でき上がり寸法
直径30cm×高さ16cm

深さがあるので、ビニールに新聞紙などを詰めてガムテープを貼りながら形を整え、型を作ります。

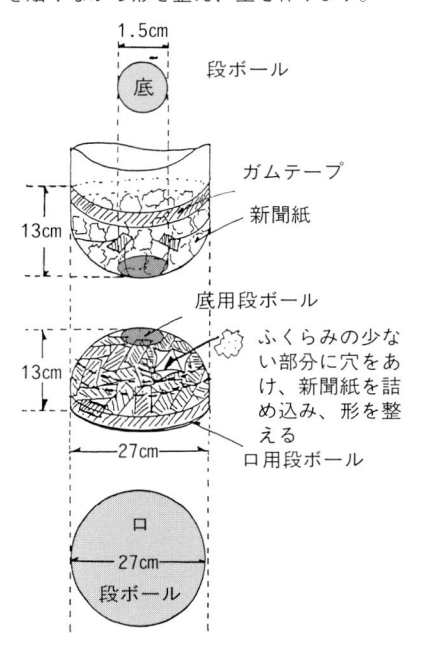

- 1.5cm　底　段ボール
- ガムテープ
- 新聞紙
- 13cm
- 底用段ボール
- ふくらみの少ない部分に穴をあけ、新聞紙を詰め込み、形を整える
- 13cm
- 口用段ボール
- 27cm
- 口　27cm　段ボール

40cm　46cm　13cm　52cm

■みだれ編み
　自由な感じでのびのびとして、誰にでも編めそうなので、最近とても人気のある編み方です。

□美しく編むために
①交点を２つ以上重ねないようにする。いくつも重ねると、その部分がかさばって凹凸ができる。
②大きな空間が細かくなるようにして、編み糸を意識して動かす。
③縦、横、斜めに編み糸を配置し、同じ方向ばかりに動いていないか気をつける。
④熟練することが大切。その他、自分なりの規則を決めて、同じリズムで編むのも面白い。

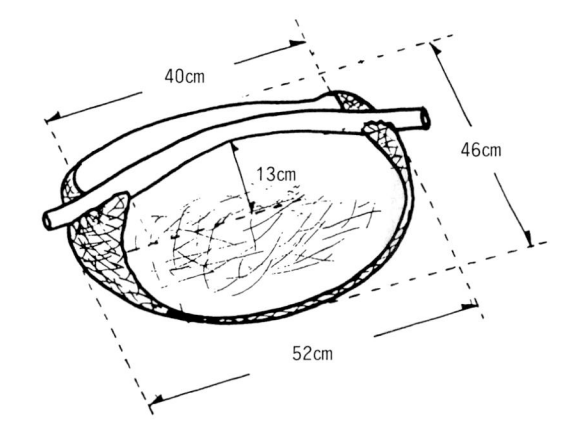

編む
みだれ編みの壁面飾り
カラー口絵16ページ

この作品はとても大きく、型に合わせながら編んでいきます。自分で型を作るので、大きさを自由に変えることができます。いろいろ試してみましょう。

材 料
つづら藤約800g　ポリ袋　新聞紙　ガムテープ

■作り方

1 型を作る

(1)ポリ袋に新聞紙を詰めて口を閉じ、穴をあけて空気を抜きながら形を整える。

(2)ガムテープを貼りつけて形を整え、マジックペンでデザインや編み方を書き込む。

◆ポイント◆
型にデザインを書き込んでから、編み始めます。最初に素編みの部分から編みますが、あらかじめ、たて芯と編み糸の方向を決めておきましょう。たて芯の先や意識的に残した編み糸は、みだれ編みの中に編み込みます。

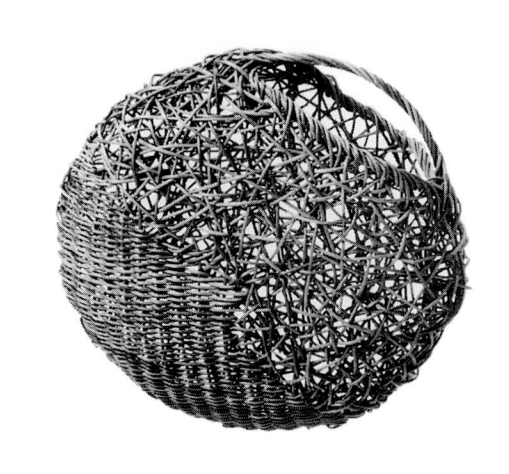

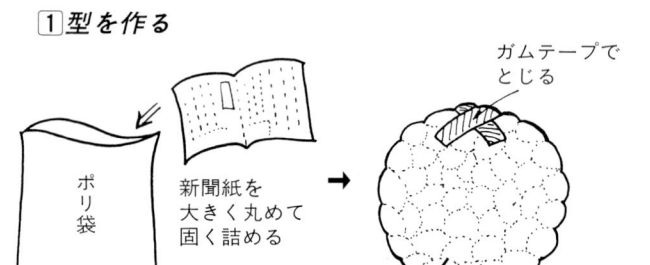

1 型を作る

ポリ袋 → 新聞紙を大きく丸めて固く詰める → ガムテープでとじる

ハサミで刺して穴をあけ空気を抜きながら形作る

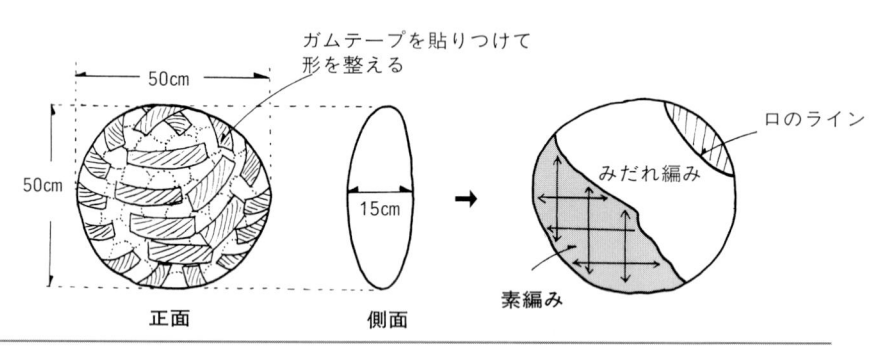

ガムテープを貼りつけて形を整える

50cm × 50cm（正面）　15cm（側面）

→ みだれ編み／素編み／口のライン

■引き返し編み
水平に対して引き返し編みの回数が多いと鈍角になり、引き返し編みの回数が少ないと鋭角になる
（次ページ編み目の写真参照）

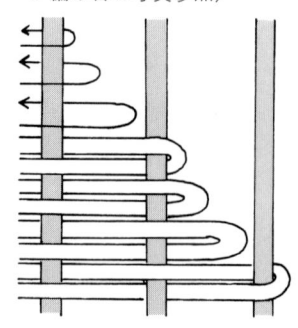

■リングの作り方

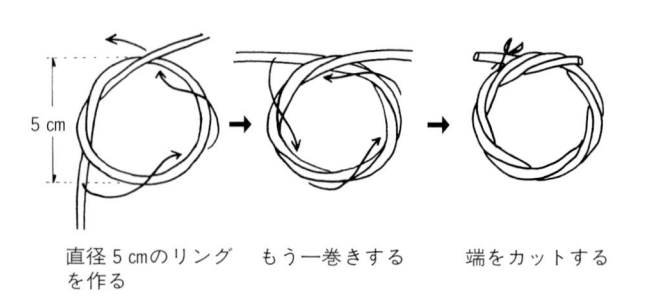

直径5cmのリングを作る　→　もう一巻きする　→　端をカットする

素編みとみだれ編み

2 素編みの部分を編む

(1)中心部分の幅約22cmにたて芯10本を2本縄編みで仮止めする。
(2)引き返し編みや、たて芯の増減をしながら、型のラインに沿って上方向に素編みをする。
(3)2〜3ループごとに、みだれ編みに巻き込むために、編み糸を長く出しておく。
(4)仮止めをはずし、同様にして下方向に素編みをする。

3 みだれ編みをする

(1)素編みの部分を型の上にのせ、ガムテープで所々を止める。
(2)たて芯や編み芯の長く出た部分に、別の新しい編み糸を加えながらみだれ編みを続ける。
(3)80％くらい編んだら、型の口の部分をカッターで切り、中身の新聞紙と型を取り出す。
(4)持ち手を本体のみだれ編みの続きで付ける。
(5)残りのみだれ編みをする。

4 リングを付ける

(1) 直径5cmのリングを作り、かごの裏に取り付ける。

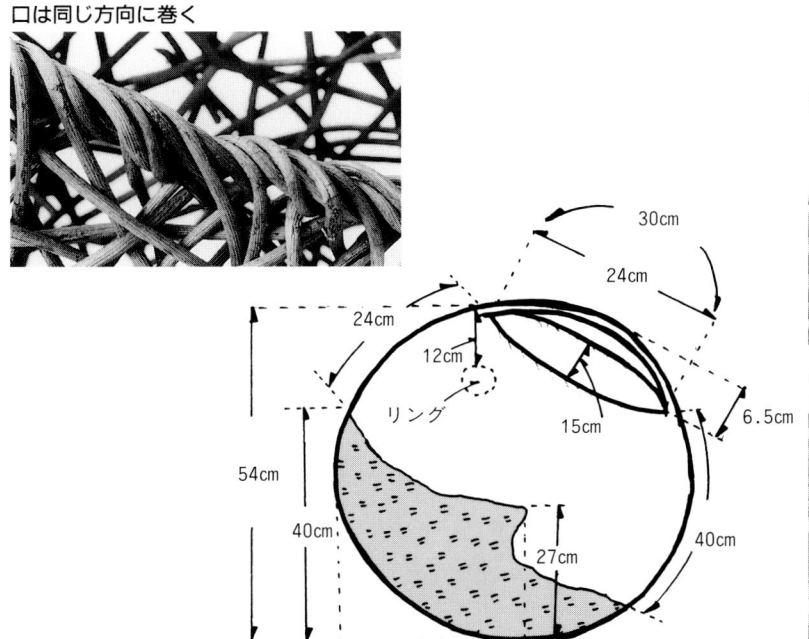

みだれ編みの中へ、編み込む
素編みの進む方向
編み始めの仮止めを外す
2本縄編みで仮止め
先端をみだれ編みに編み込む
幅約22cmにたて芯10本
増やしたたて芯

口は同じ方向に巻く

持ち手は同じ方向に巻く

リングはかごの裏に取り付ける

30cm
24cm
24cm
12cm
リング
15cm
6.5cm
54cm
40cm
27cm
40cm
30cm

編む
太づるのかご

カラー口絵17ページ

つる細工の最初にとりかかるのに最適な作品。藤づる、葛、山ぶどうのつるなど、太づるならどんな素材でも作れます。とんぼかしらをベースにしてみだれ編みで新しい編み糸を足しながら大きくしていきます。

■材料
直径5～12㍉の太づる約750g　#24ワイヤー

■作り方

① ベースを作る
(1) 3.5m以上の長さのものを使ってとんぼかしらを作り、#24ワイヤーで交点を仮止めする。

② みだれ編みをする
(1) ベースに編み糸をからませながら、みだれ編みで直径を大きくする。

③ 立体に形作る
(1) 中心部を手のひらで押さえて、周りを持ち上げ、球型にする。
(2) 素材が太くて堅く元に戻りやすいので、ビニールひもやワイヤーで編み糸を引っ張って仮止めし、球型になるように固定する。
(3) 太めのつるを2本差し込み、みだれ編みに編み込む。かごの縁は同じ方向に巻いていく（からげる）。
(4) 長さ1.5mくらいのもので直径20cmのリングを作り、本体の底に2か所、ワイヤーで止めて先端は編み込む。

① ベースを作る（とんぼかしら）　35cm

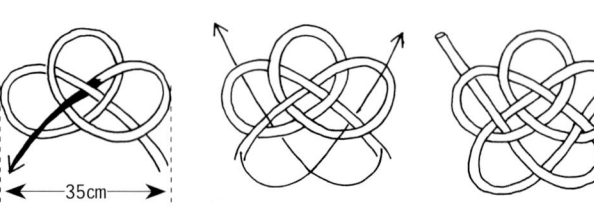

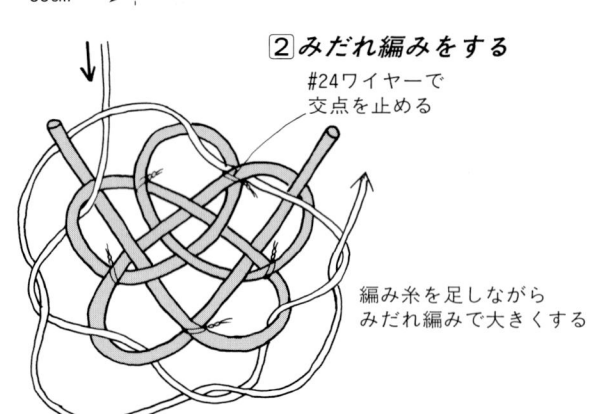

② みだれ編みをする　#24ワイヤーで交点を止める　編み糸を足しながらみだれ編みで大きくする

かごの縁と持ち手の巻き方

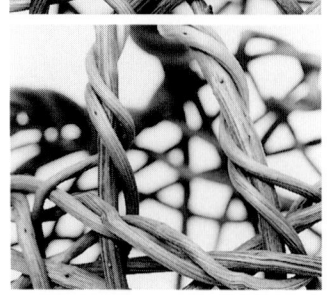

③ 立体に形作る
持ち手を差し込む　球型になるように固定する
持ち手と縁を巻き、底を付ける
24cm　41cm　20cm　39cm

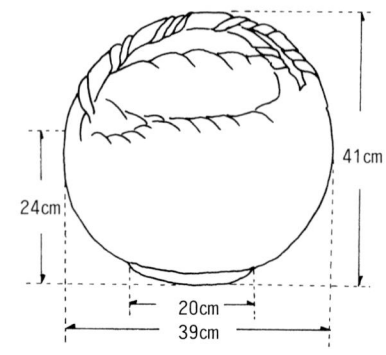

◆ポイント◆
編み目がざっくりとして、あまり詰まっていないうちに立体に形作ります。でき上がりに近いくらいの細かい編み目になってからでは編み目が動かなくなり、立体になりにくくなります。

底にリングを取り付ける

編む
素材を編んで作るかご
カラー口絵19ページ

素材を帯状に編んでから立体に構成します。素材だけのときよりも、思いがけない表情が表われてドキッとします。光が通り抜けてとりわけ美しい作品になりました。

― 材　料 ―
バゴバゴ300g
[たて芯／太めのバゴバゴ1m×9本]
[編み糸（かごの底）／細めのバゴバゴ]
[帯状のたて芯／細めのバゴバゴ]
帯状の編み糸／直径1.5㍉の染め丸芯（茶）50g

◆ポイント◆
素材を帯状に編むときは、間隔をつめたりあけたりして変化をつけると面白いでしょう。

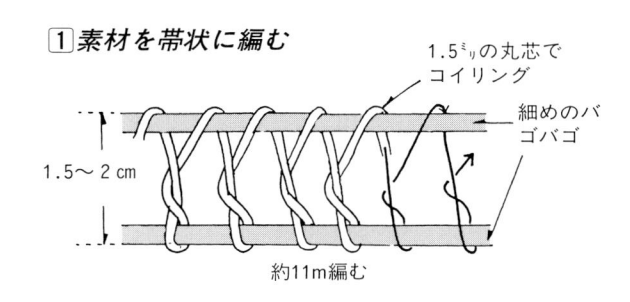

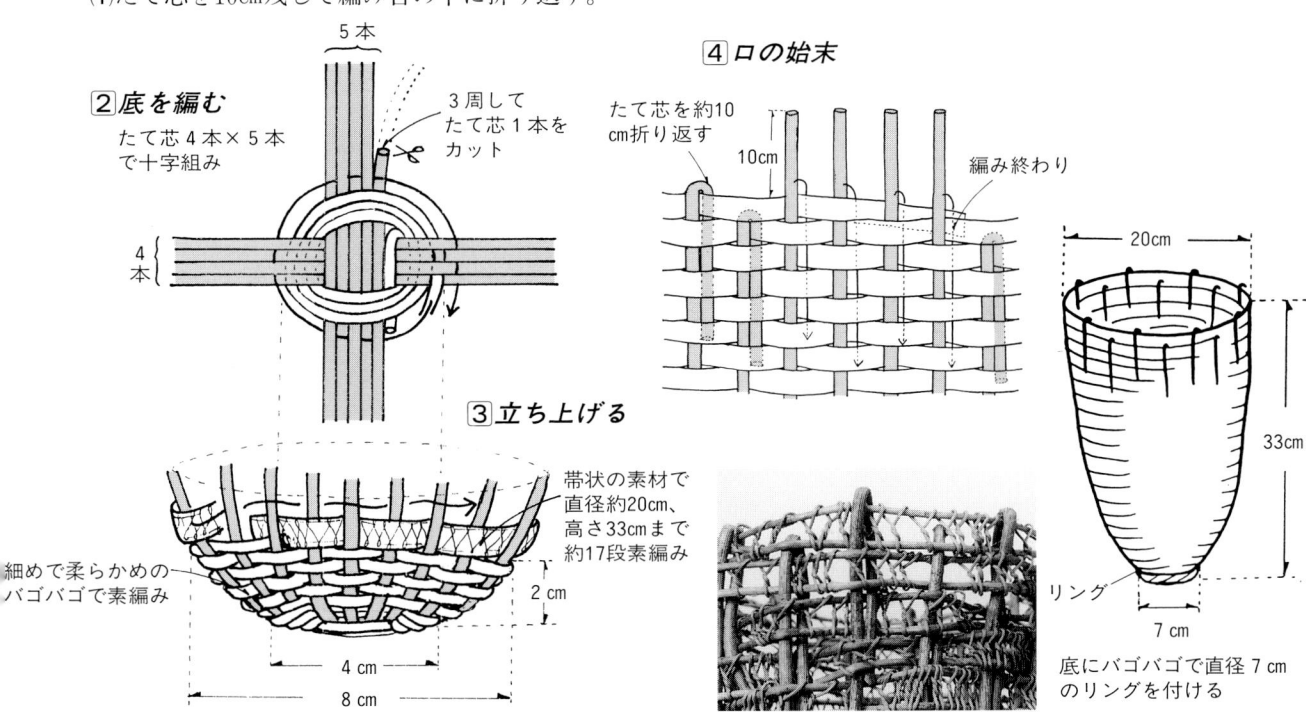

■作り方

①素材を帯状に編む
(1)細めのバゴバゴに1.5㍉丸芯で2本縄編みをして、約11m編む。

②底を組む
(1)十字組み（たて芯／1m×9本）に編み糸で3周し、たて芯1本をカットする。

③立ち上げる
(1)たて芯を広げながら直径8cm、高さ2cmまで細めのバゴバゴで素編みをする。
(2)帯状の素材を直径約20cm、高さ33cmまで、素編みで約17段編み込む。

④口の始末
(1)たて芯を10cm残して編み目の中に折り返す。

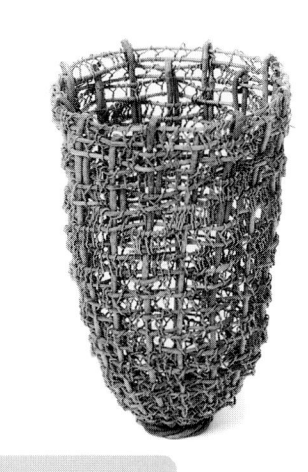

① 素材を帯状に編む
- 1.5㍉の丸芯でコイリング
- 細めのバゴバゴ
- 1.5〜2cm
- 約11m編む

② 底を編む
- たて芯4本×5本で十字組み
- 5本
- 4本
- 3周してたて芯1本をカット

③ 立ち上げる
- 細めで柔らかめのバゴバゴで素編み
- 帯状の素材で直径約20cm、高さ33cmまで約17段素編み
- 2cm
- 4cm
- 8cm

④ 口の始末
- たて芯を約10cm折り返す
- 10cm
- 編み終わり

- 20cm
- 33cm
- リング
- 7cm
- 底にバゴバゴで直径7cmのリングを付ける

編む
小枝の灯り
カラー口絵18ページ

木肌が美しく、枝があまり直角に出ていないものならどんな素材でも使えます。枝をたて芯にして、帯状に編んだ素材を丁寧に編んでいきます。

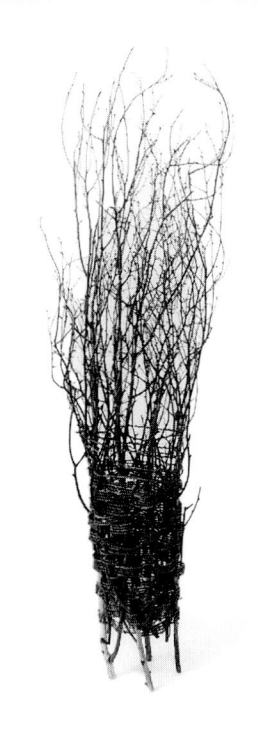

―材　料―
たて芯／長さ150〜165cmの枝4本　80〜120cmの小枝13本
日本あけび100g
帯状のたて芯／バゴバゴ300g
帯状の編み糸／1.5㍉の染め丸芯200g
ダンボール　ひも　仮止め用ワイヤー　ソケット

■作り方

1 素材を帯状に編む
(1) バゴバゴ4本に、1.5㍉染め丸芯で帯状に編む（幅約3cm×10m）。

2 型を作る
(1) ダンボール2〜3枚を丸めて型を作り、はずしやすくするために中央を高くしておく。型の代わりに4本脚の丸椅子を逆さにして使っても良い。

■構成のポイント
下から上に向かって、少し広がり気味になるように編み進みます。枝から出ている小枝は無理に編み込まないで、自然の形を残すようにします。

1 素材を帯状に編む
1.5㍉染め丸芯
バゴバゴ

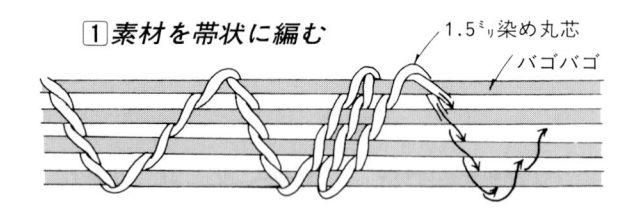

2 型を作る
15cm
中央を高くする
段ボールを巻く
ひもでしばる
20cm
10cm

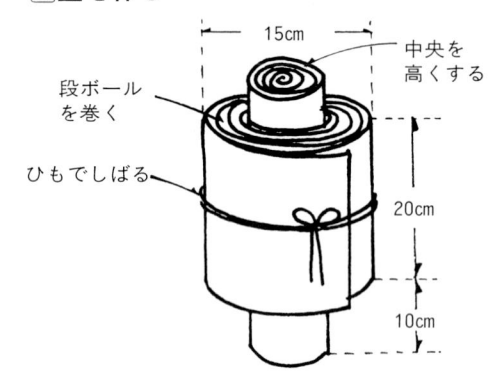

■素材を編む

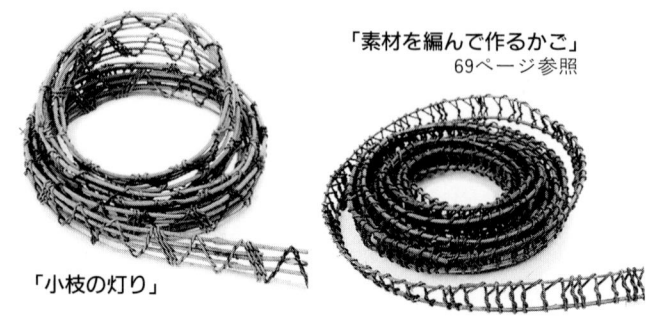

「小枝の灯り」

「素材を編んで作るかご」
69ページ参照

あらかじめ編み糸となる素材を帯状に作っておいて、これを構成するという方法です。集合してくると思いがけない表情が表われます。用意ができれば構成は単純です。

③・④枝を仮止めし、素材を編み込む

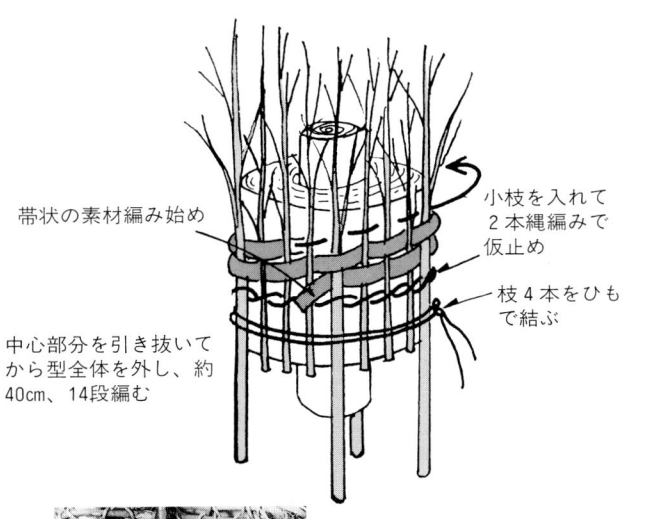

帯状の素材編み始め

小枝を入れて2本縄編みで仮止め

枝4本をひもで結ぶ

中心部分を引き抜いてから型全体を外し、約40cm、14段編む

素材の編み目

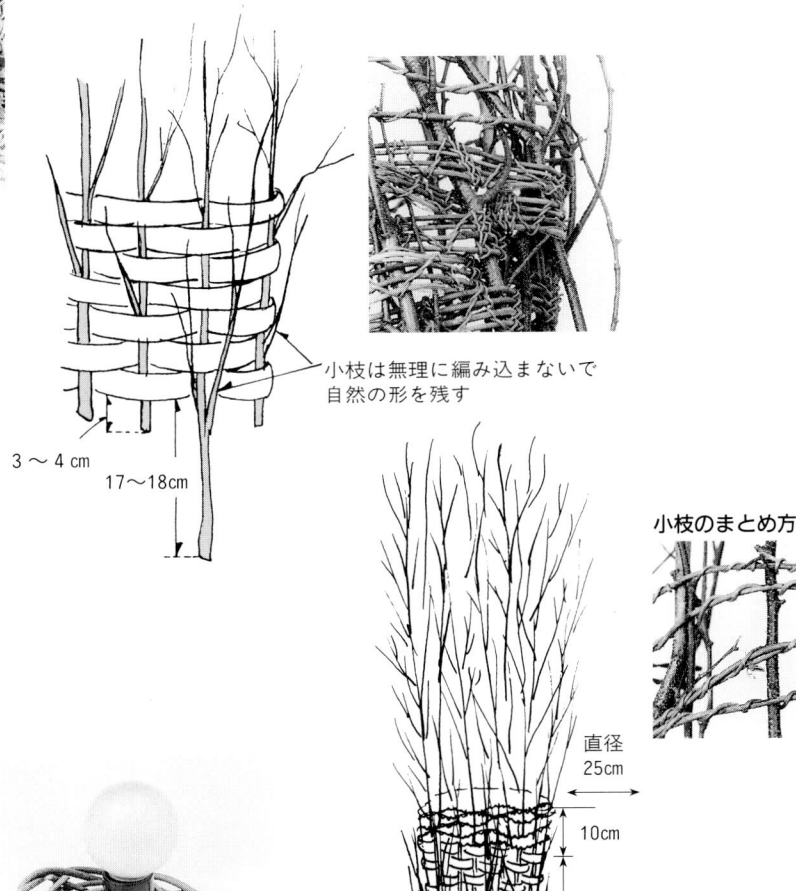

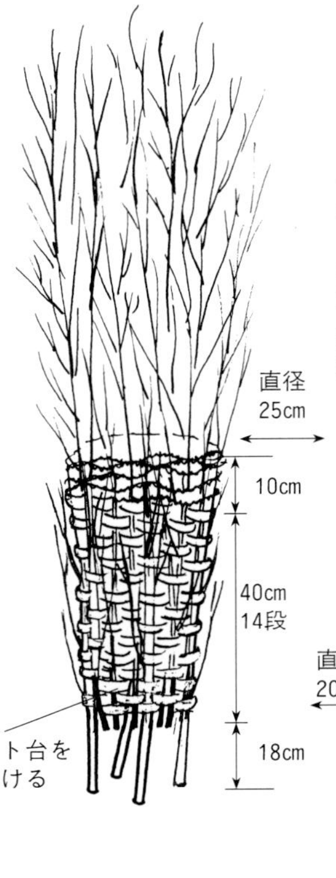

小枝は無理に編み込まないで自然の形を残す

3〜4cm　17〜18cm

③枝を仮止めする
(1) 枝4本(150〜165cm)を配置してひもで結び、間に3〜4本ずつ小枝を入れて、2本縄編みで仮止めする。たて芯になる枝の総数は奇数になるようにする。

④帯状の素材を編む
(1) 山・谷、山・谷(素編み)で5〜6段編む。
(2) 型の中心部分を引き抜いてから、型全体をはずす。
(3) 上に向かって広がり気味に約40cm、14段編んでゆく。

⑤上方の小枝をまとめる
(1) 日本あけびでコイリングをしながらときどき小枝にからげて巻き、小枝を整えてまとめる(たて芯のあるコイリング)。

⑥ソケット台を付ける
(1) ソケット台を作り、台の周り4か所にワイヤーを付け、本体の底に取り付ける。

小枝のまとめ方

直径25cm
10cm
40cm 14段
直径20cm
18cm

ソケット台を取り付ける

■ソケット台の作り方
① バゴバゴ(30cm×6本)で十字組みをして、たて芯1本をカットする。
② 素編みをして山・谷で止め、直径約11cmに仕上げる。
③ ソケット台を本体にワイヤーで取り付ける。

組む バッグ

カラー口絵21ページ

プロセス42ページ「組みのポシェット」を参照して作ります。組み芯の長さの違いででき上がりの形が変わりますが、口の始末は同じです。

材料

組み芯／幅5㍉の染め背引きの皮藤（薄挽・グリーン）約250g　[85cm×58本]
[サイド用／85cm×10本]
[口用／80cm×4本（半割り80cm×1本　巻き用約4.5m）]
竹の持ち手

■作り方

1 底を組む
(1) 29本×29本で四角を組む。
(2) ストッパーを山・谷、山・谷と入れる。

2 サイドを組む
(1) 5本×5本を組み入れる。
(2) ストッパーを入れる。

3 底を折る
(1) 中心ラインに沿って折りたたみ、ストッパーをはずす。
(2) 両サイドの5本ずつを組む。

4 側面を組む
(1) 前後の組み芯を交差させ、高さ約21cmくらいまで山・谷で組む。
(2) 2山2谷で高さ約26cmくらいまで、口が水平になるように組む。

5 口の始末をする
プロセス42ページ参照。

6 持ち手を付ける
(1) 金具部分のフックのある方を内側にする。
(2) 金具部分にキズがつかないように布でおおい、ペンチでしっかり止める。

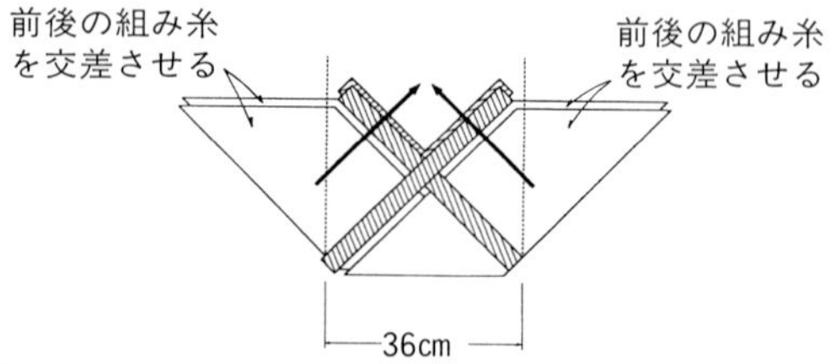

口の始末と持ち手の付け方

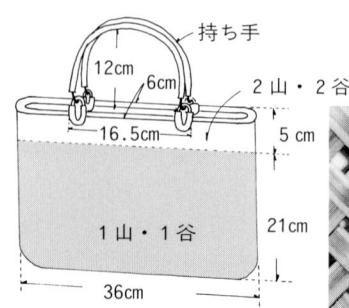

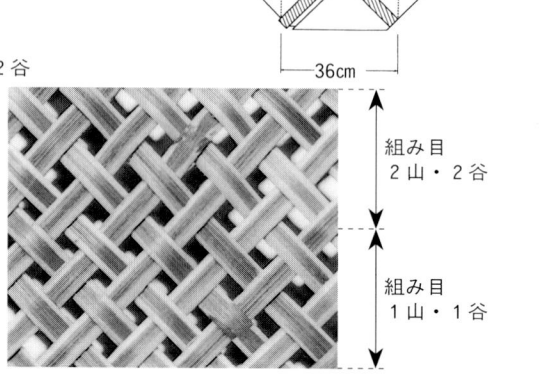

1 底を組む
約30cm 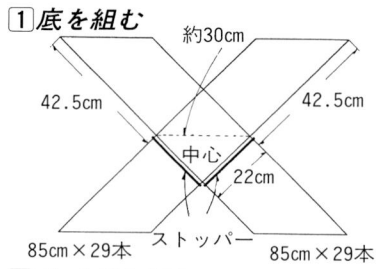
42.5cm　42.5cm
中心
22cm
85cm×29本　ストッパー　85cm×29本

2 サイドを組む
ストッパー 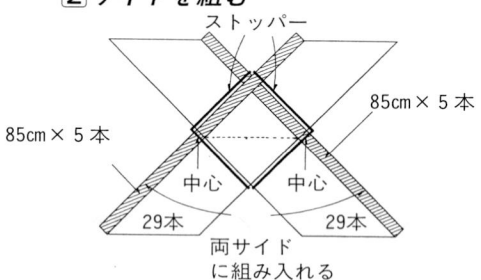
85cm×5本　85cm×5本
中心　中心
29本　29本
両サイドに組み入れる

3 底を折る
中心 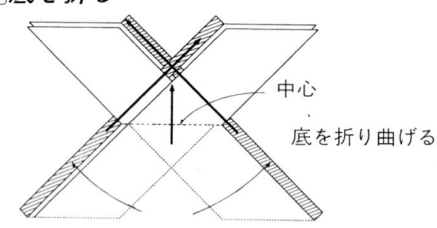
底を折り曲げる
両サイドの5本ずつを折り上げて組む

4 側面を組む
前後の組み糸を交差させる
36cm

持ち手
12cm
6cm
16.5cm
2山・2谷
5cm
1山・1谷
21cm
36cm

組み目 2山・2谷
組み目 1山・1谷

バッグ（茶）

材料

組み芯／幅5㍉の染め背引きの皮藤（薄挽・茶）200ｇ
[85cm×36本][サイド用／85cm×8本]
[口用／60cm×4本（半割り60cm×1本　巻き用約3.3m）

■作り方

組み芯18本×18本で組み、サイドに4本×4本を組み入れて、バッグ（グリーン）と同様に作ります。持ち手も同素材で作ります。

＜底とサイドの組み方＞

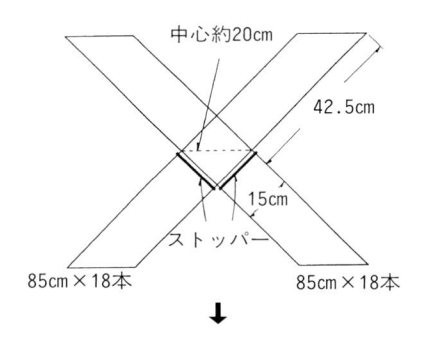

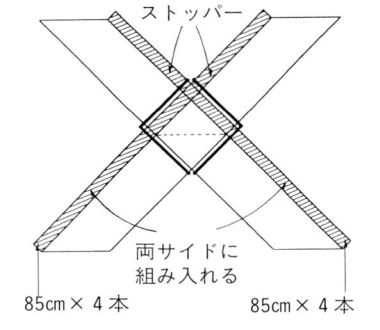

中心約20cm
42.5cm
15cm
ストッパー
85cm×18本　　85cm×18本

ストッパー
両サイドに組み入れる
85cm×4本　　85cm×4本

＜持ち手の作り方＞

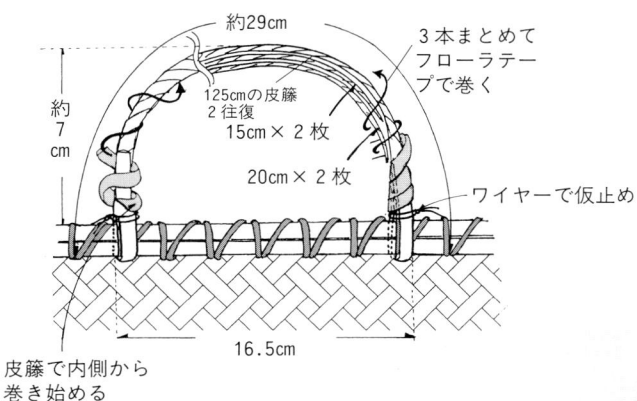

約29cm
3本まとめてフローラテープで巻く
125cmの皮藤2往復
15cm×2枚
20cm×2枚
約7cm
ワイヤーで仮止め
皮藤で内側から巻き始める
16.5cm

内側から見た図

(1)125cmの皮藤を重なり目が中央部分になるように2往復させて両サイドを仮止めし、フローラテープで巻いておく
(2)長さ15cmの皮藤2枚をフローラテープで巻く
(3)長さ20cmの皮藤2枚を同様にして、(1)(2)と一緒に重ねてもう一度フローラテープで巻く
(4)巻き始めと終わりに接着剤をつけて、皮藤で(3)を巻き、ワイヤーをはずす

組みのポシェット　42ページプロセス作品

材料

幅5㍉の背引き皮藤100ｇ
　[生成り70cm×20本　茶70cm×12本]
ひも用3.6m×2本　口用45cm×4本
半割り45cm×1本　巻き用2.5m
仮止め用　#26ワイヤー5本

でき上がり寸法
縦19cm×横19cm

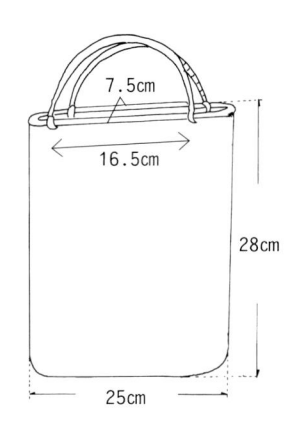

7.5cm
16.5cm
28cm
25cm

組む
ラッピング風のかご
カラー口絵24ページ

　平面に組んだものを風呂敷で包むように立体に起こします。実際には、包んだときに重なる部分はかさばるので組まないでおきます。型紙を作り、柄の入れ方を考えてから組み始めます。

材料
直径1.25㍉の染め丸芯（グリーン）250g
［組み芯／230cm×56本　40cm×200本］
#26ワイヤー　麻　麻糸

■作り方

1 型紙を作る
(1)中身の箱を作り、型紙で実際に包んで柄の配置を試してみる。きれいに組むために組み目の縦線と横線を入れておく。

2 方眼に組む
(1)組み芯を幅3cmに7本の目安で置き、2本縄編みで仮止めする。
(2)方眼に組むと同時に、染め丸芯と麻糸で柄を編み込みながら、図を参照して平面に組む。
(3) 組まない部分の始末をする(76ページ参照)。

2 方眼に組む

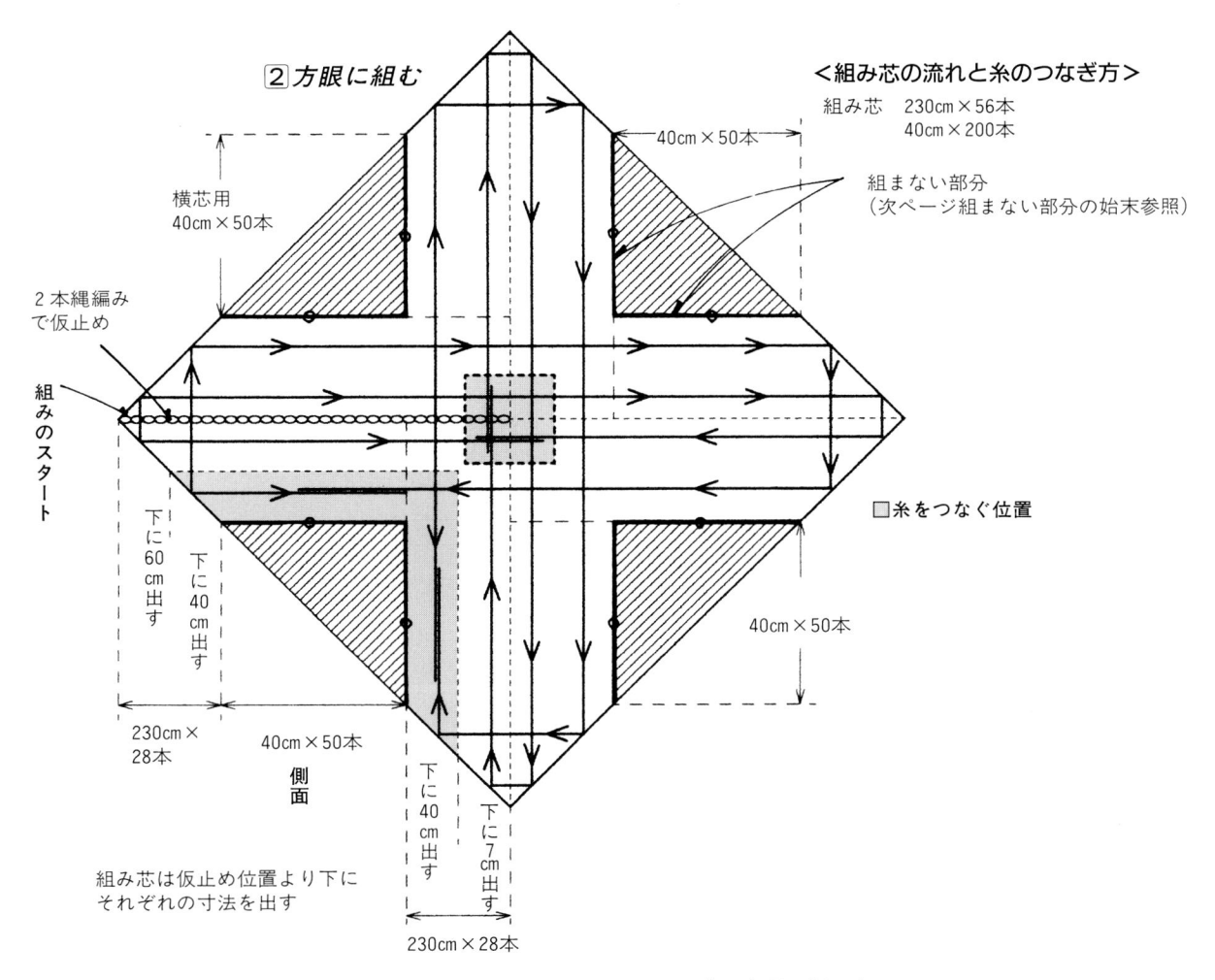

<組み芯の流れと糸のつなぎ方>

組み芯　230cm×56本
　　　　40cm×200本

40cm×50本

組まない部分
（次ページ組まない部分の始末参照）

横芯用
40cm×50本

2本縄編み
で仮止め

組みのスタート

□糸をつなぐ位置

下に60cm出す
下に40cm出す

230cm×28本
40cm×50本
側面

下に40cm出す
下に7cm出す

40cm×50本

230cm×28本

組み芯は仮止め位置より下にそれぞれの寸法を出す

<組む順序>

①～⑩の順に向きを変えながら組んでいきます。数字の向きに合わせながら組むとよいでしょう。

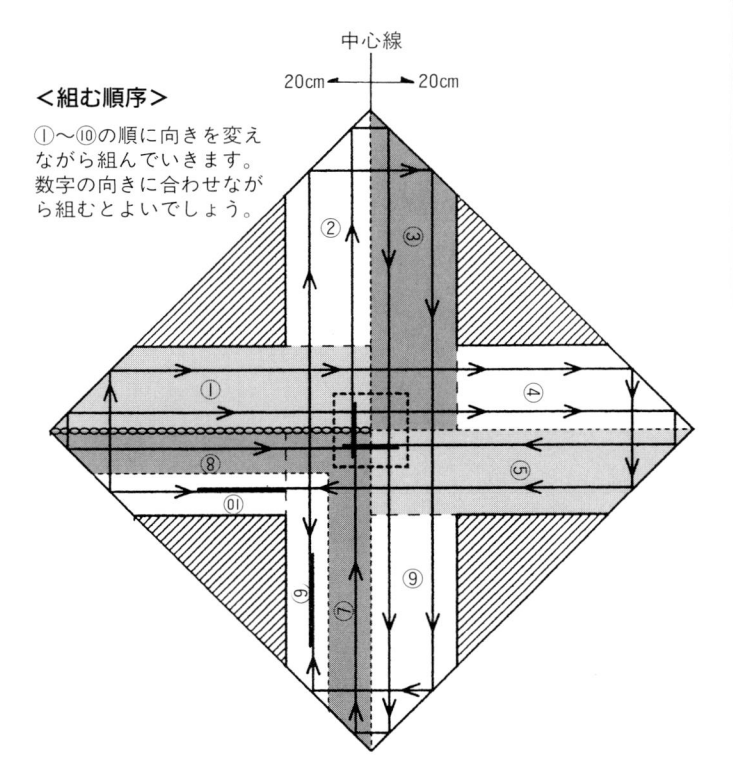

中心線
20cm　20cm

■方眼の組み方

たて芯を2本縄編みで仮止めして組み始め、途中で作品の向きを変えながら、組み進めます。組み糸のつなぎ目は少しずつずらします。（プロセス44ページ参照）。

①たて芯28本を左端より順に、右に向かって山・谷で組む。

②中央のたて芯28本に横芯50本を中心線より左右に20cmずつ出して組み込み、次に28本を左端より順に右に組む。

③左へ向きを変え、数字が正しく向くように置き直して順に組む。中心となる1本目から順に28本を右へ組み進めると左に山型ができる。

④横芯50本を組み込み、②と同様に28本を左端より順に右に組む。

⑤③と同様にして山型に組む。

⑥④と同様に組む。

⑦⑥からの半分14本を中心となる1本目から順に右へ組み、下へ7cm出した14本と中央の底の部分でつなぐ。

⑧①からの下へ60cm出した14本と⑤からの半分14本を底の部分でつなぐ。

⑨⑥からの残りの半分14本を、下へ40cm出した14本とつなぐ（右へ向きを変える）。

⑩①と⑤の残りの14本をつなぐ。

＜柄の編み込み方＞

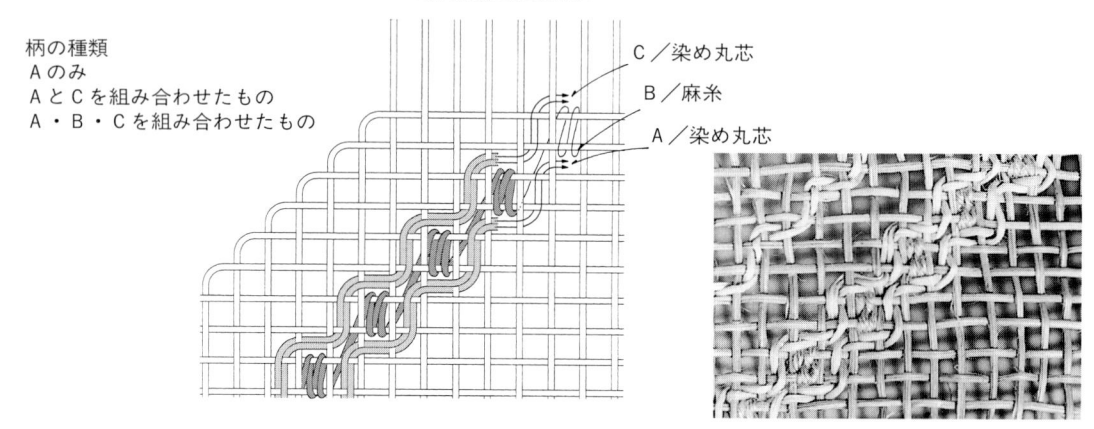

柄の種類
Aのみ
AとCを組み合わせたもの
A・B・Cを組み合わせたもの

C／染め丸芯
B／麻糸
A／染め丸芯

＜組まない部分の始末＞　前ページ方眼に組む参照

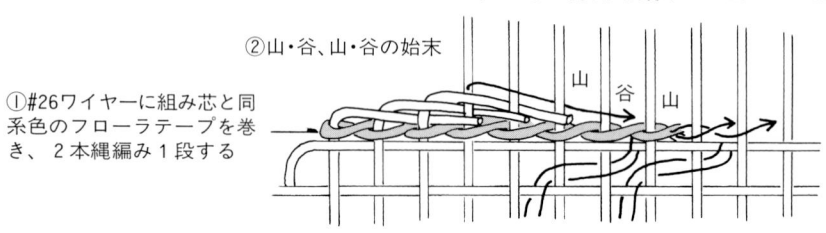

①#26ワイヤーに組み芯と同系色のフローラテープを巻き、2本縄編み1段する

②山・谷、山・谷の始末

山　谷　山

③立体に起こす
(1)組み上がったら全体が湿った状態で箱を包む。
(2)乾燥して形がついたら箱を抜き、形を整える。

④リボンを結ぶ
(1)#26ワイヤー60cmに染め麻を巻いたものを3本作り、ねじり合わせてひも状にする。
(2)リボンの先端にひだを寄せ、左右から合わせてひもで3巻きし、2～3回ねじり止める。

型紙を作り、箱を包んで柄の配置を見る

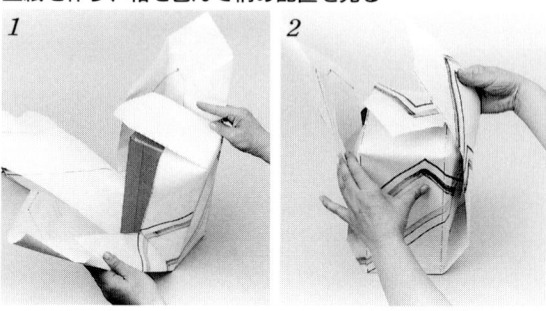

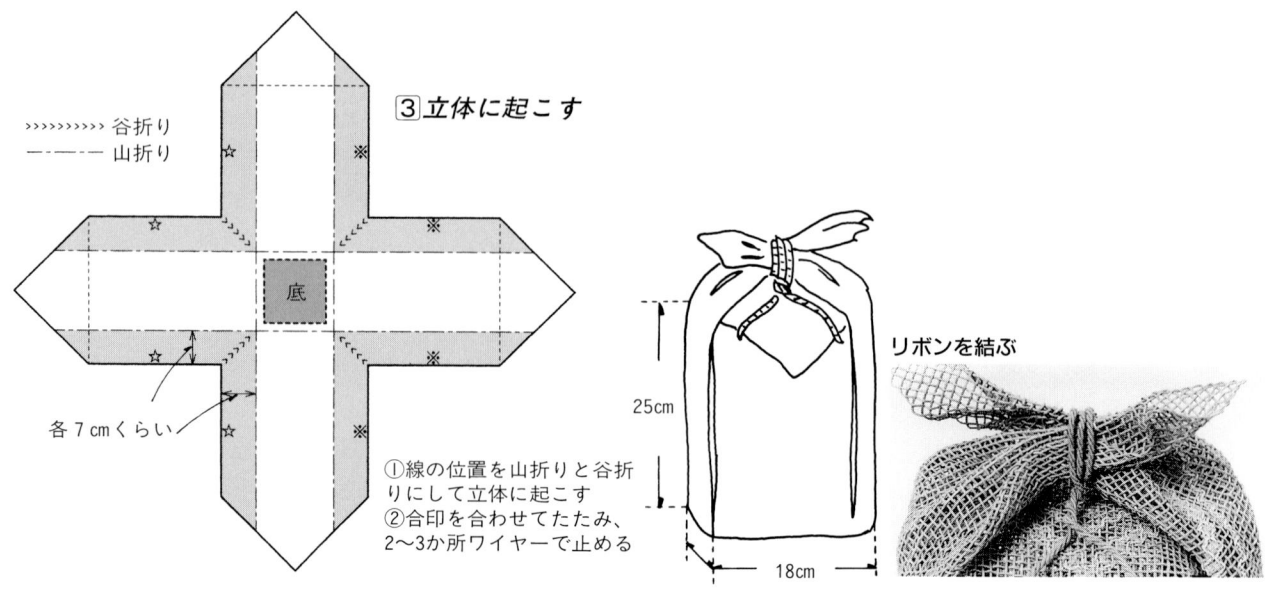

1　　2

>>>>>>>> 谷折り
-・-・- 山折り

底

各7cmくらい

③立体に起こす
①線の位置を山折りと谷折りにして立体に起こす
②合印を合わせてたたみ、2～3か所ワイヤーで止める

25cm
18cm

リボンを結ぶ

ラッピング風のかご（ベージュ）

材料

直径1.25㍉丸芯（ベージュ）150g
組み芯／190cm×36本
　　　　160cm×35本
　　　　40cm×120本
#26ワイヤー　麻　麻糸

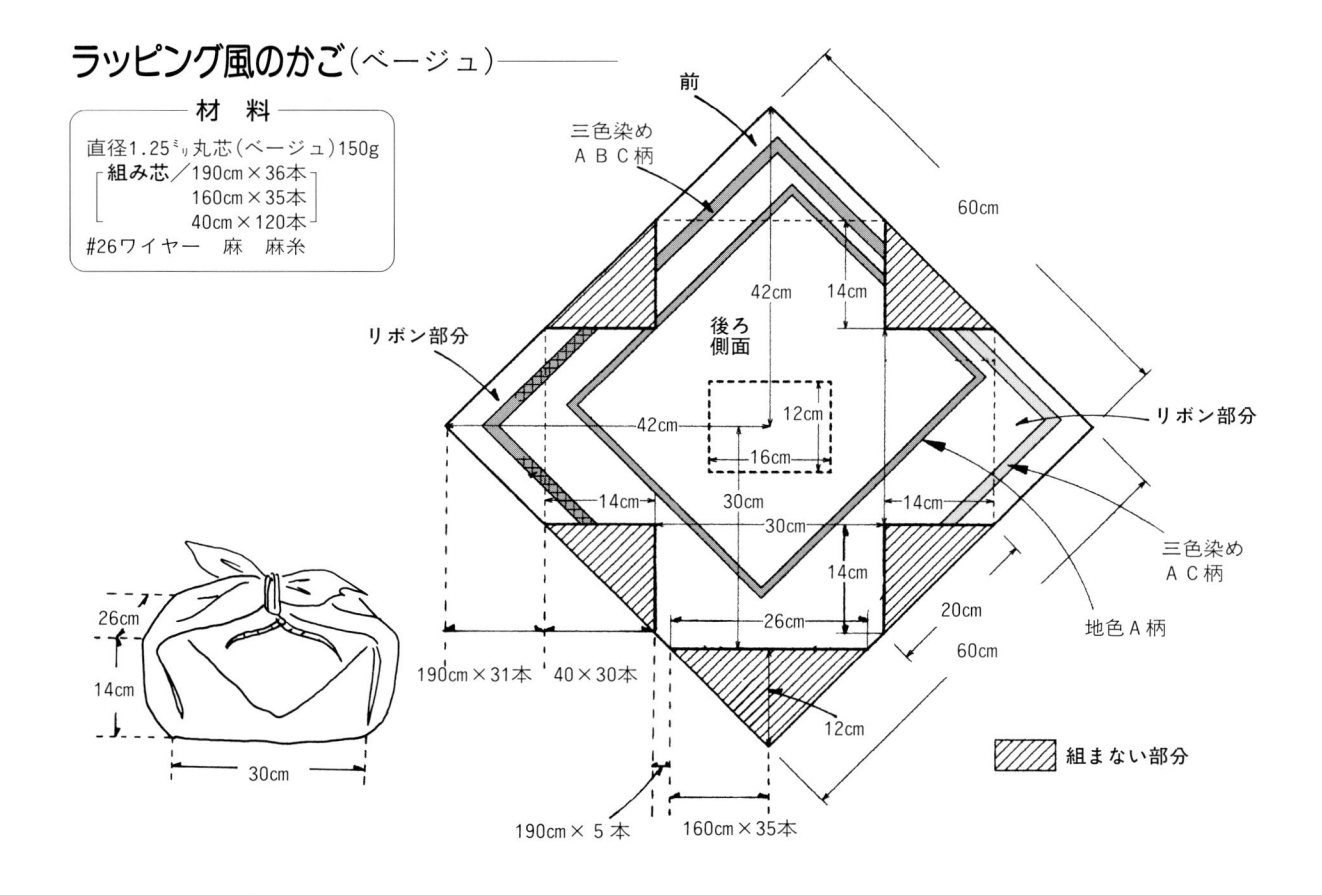

前
三色染めABC柄
後ろ側面
リボン部分
リボン部分
三色染めAC柄
地色A柄
組まない部分

42cm　14cm
42cm
12cm
16cm
14cm　30cm　14cm
30cm
14cm
26cm　20cm
60cm
60cm
12cm

190cm×31本　40×30本
190cm×5本　160cm×35本

26cm
14cm
30cm

■染色

　かごづくりに使う材料は植物ですから木綿を染めるときと同じです。材料のうちに染める場合がほとんどですが、作品によってはでき上がってから染める場合もあります。染めた材料も使うときには水に浸して使います。

■染める順序
①材料をよく水に浸しておく。
②湯に染料を溶かし、20〜30分煮染めする。
　（好みの色になるまでテストを繰り返す）
③染め上がったら良く水洗いして日陰で乾燥させる。

化学染料

■用具
ボール
ガス台
菜ばし
ゴム手袋

組む
布のポシェット

カラー口絵23ページ

布をテープ状にして組み、ポシェットにしました。珍しい組み方ですが最初から袋状になり、とても合理的です。いつも正方形を保つように組み、どの部分も直角になるように気をつけながら組んでいきます。

材料

表布／90cm×50cm　[布テープ7組／90cm×14本]
接着芯／90cm×21cm　ひも（4色）／2m×4本　ひも止め用カツラ8個　裏布／30cm×40cm

■作り方

1 布テープを作る

(1) 幅3.5cmに切った布テープの中央に接着芯を貼り、布の両端をボンドで貼りつけ、上から軽くアイロンをかける。

2 組む

(1) 2本1組にして外表に合わせ、組み始める。
(2) 14本7組を図を参照して寸法通りに順に組む。

◆ポイント◆
2本1組で組みますが、手前の1本は山折り、向こう側は上手前に谷折りです。新しい1組を入れて組むときは、手前と向こう側の布テープを別々に考えて山・谷になるようにします。

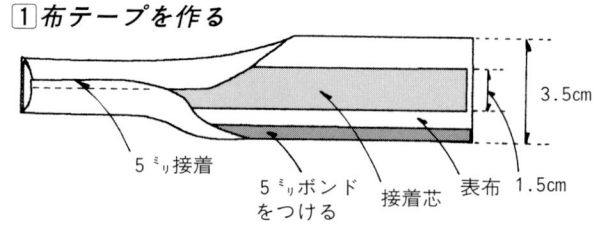

1 布テープを作る
5㍉接着　5㍉ボンドをつける　接着芯　表布　3.5cm　1.5cm

2 組む（外表に合わせて順に組む）
①折るライン 布の中心　②山折り　③谷折り　[Ⅰ図]
④折るライン　⑤山折り　⑥谷折り　[Ⅱ図]

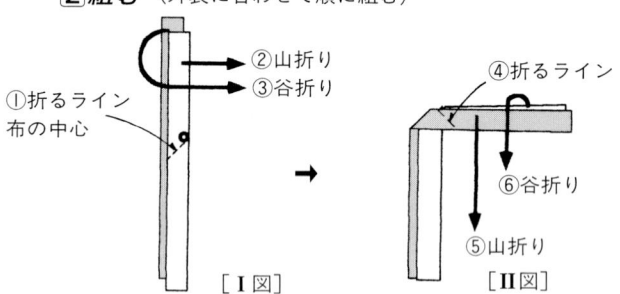

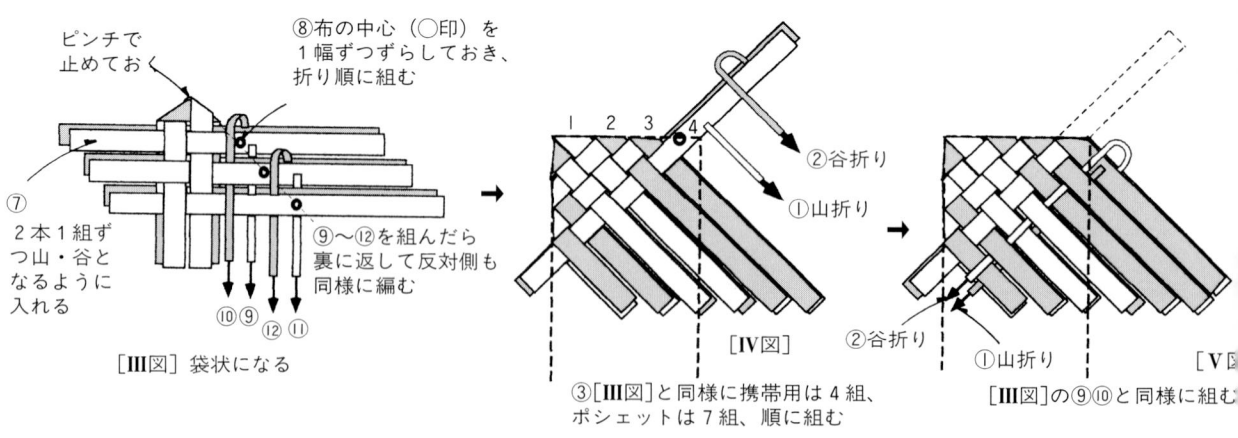

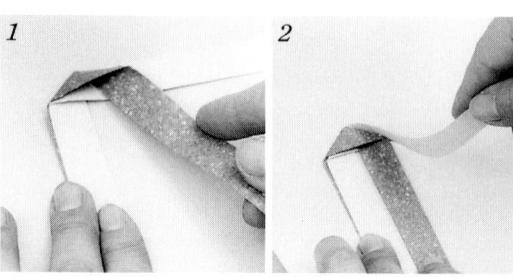

ピンチで止めておく
⑧布の中心（○印）を1幅ずつずらしておき、折り順に組む
⑦ 2本1組ずつ山・谷となるように入れる
⑨～⑫を組んだら裏に返して反対側も同様に編む
⑩⑨⑫⑪
[Ⅲ図] 袋状になる

③[Ⅲ図]と同様に携帯用は4組、ポシェットは7組、順に組む
①山折り　②谷折り　[Ⅳ図]
①山折り　②谷折り　[Ⅴ図]
[Ⅲ図]の⑨⑩と同様に組む

■組み方

手前の1本は山折りにして向こう側は上手前に谷折りにする。次に新しい1組を入れる

③口の始末

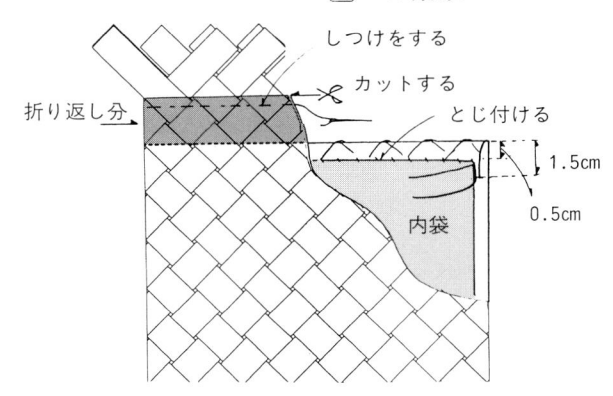

③口の始末

(1)口の部分を2本のしつけで止め、外側をカットする。
(2)ボンドをつけて内側へ折り返し、アイロンで押さえる。
(3)内袋をポシェットより縦横5㍉小さめに作り、内側に入れて縫い止める。

④ひもを付ける

(1)袋の両側にひもを付ける。

図中ラベル:
- しつけをする
- カットする
- とじ付ける
- 折り返し分
- 内袋
- 1.5cm
- 0.5cm
- 別ひもで2巻きして本体に縫い付ける
- 何か所か共のひもでひと結び
- 7〜8cm

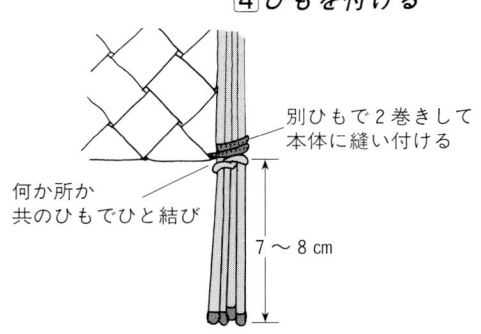

＜組む寸法＞

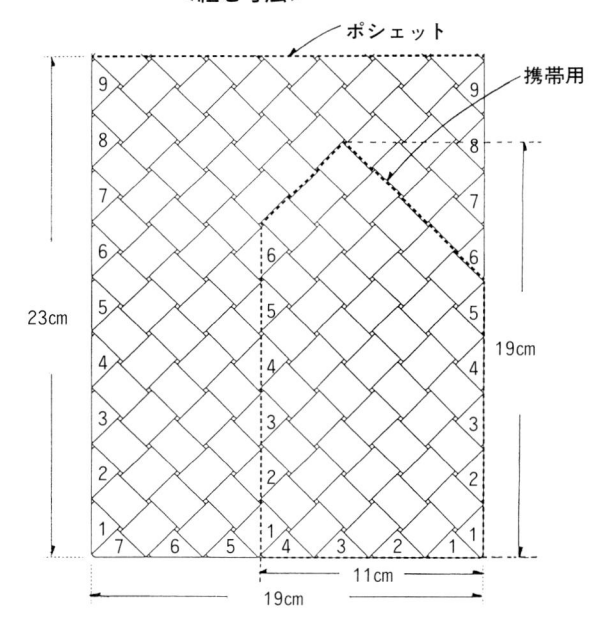

ポシェット / 携帯用
- 23cm / 19cm
- 19cm / 11cm

■組み方のコツ

角から組み始めます。最初から袋状になりますから、ときどき正しく組めているか確認しながら組みましょう。組む面と面の間に手を入れてみて、どこにも引っかからずに空間があれば正しく組めています。

携帯用

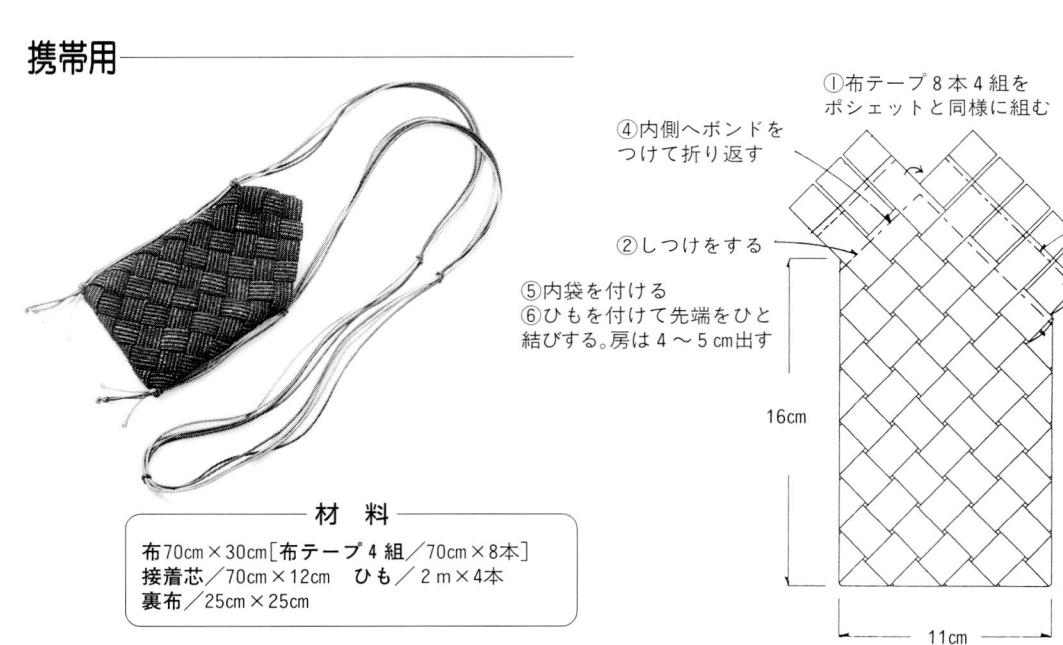

材　料

布70cm×30cm [布テープ4組／70cm×8本]
接着芯／70cm×12cm　ひも／2m×4本
裏布／25cm×25cm

手順:
①布テープ8本4組をポシェットと同様に組む
②しつけをする
③カットする
④内側へボンドをつけて折り返す
⑤内袋を付ける
⑥ひもを付けて先端をひと結びする。房は4〜5cm出す

寸法: 16cm / 13cm / 11cm

組む
平面に組んで起こすかご

カラー口絵25ページ

プロセス44ページ「平面に組んで起こすかご」を参照して作ります。長方形に組み終えたら立体に起こしますが、厚紙をでき上がり寸法に切って、折り紙のようにいろいろ形作ってみます。持ち手にする枝が形に沿うように、雰囲気に合わせて仕上げます。

長方形［Ⅰ］

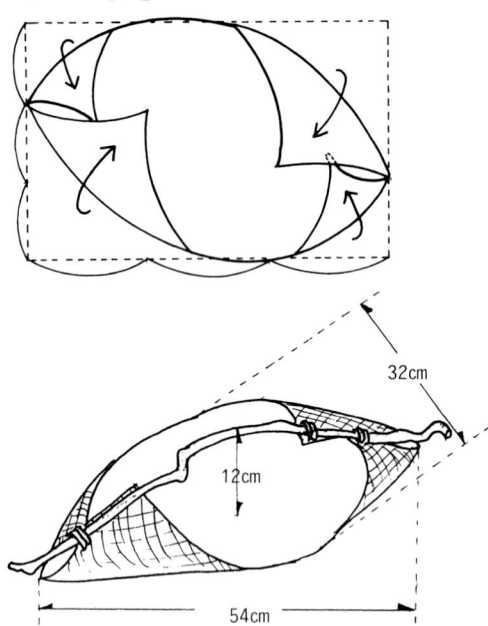

― 材　料 ―

長方形（Ⅰ・Ⅱ）　　日本あけび200g
ぶどうづるの枝70cm
[組み芯／165cm×14本　120cm×22本]
ぶどうづるの枝

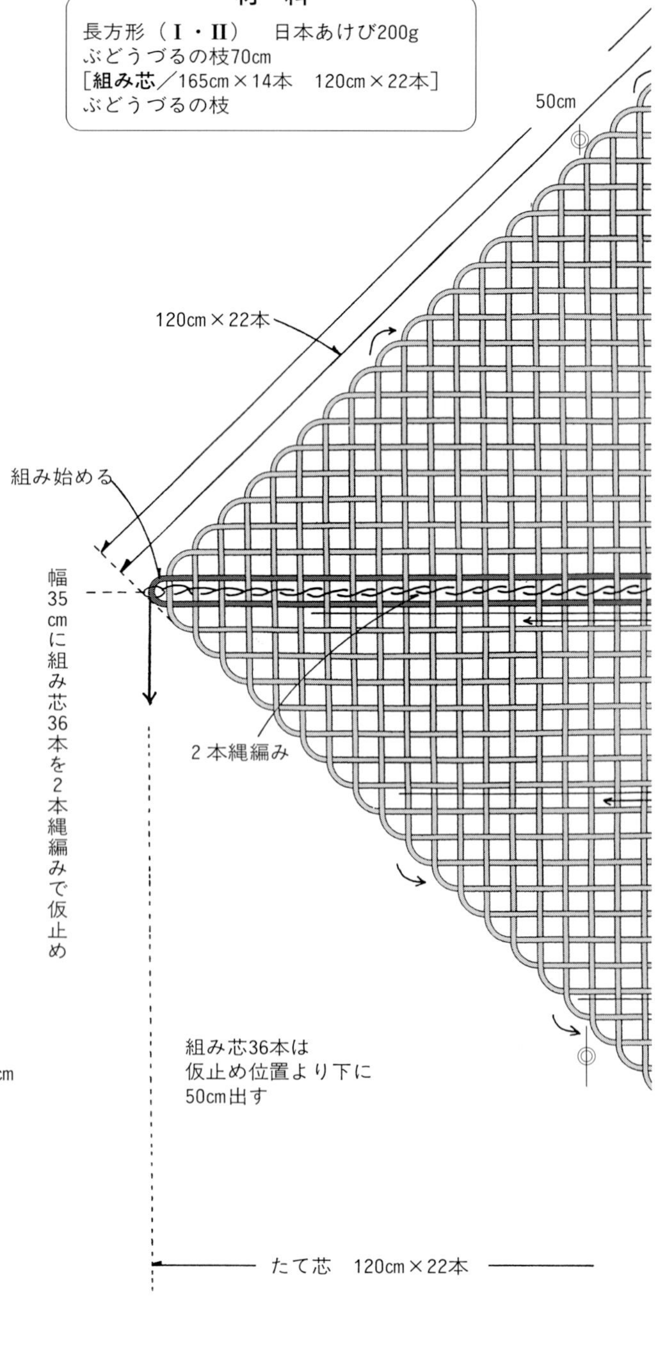

32cm
12cm
54cm

長方形［Ⅱ］

12cm
9cm
15cm
60cm

50cm
120cm×22本
組み始める
幅35cmに組み芯36本を2本縄編みで仮止め
2本縄編み
組み芯36本は仮止め位置より下に50cm出す
たて芯　120cm×22本

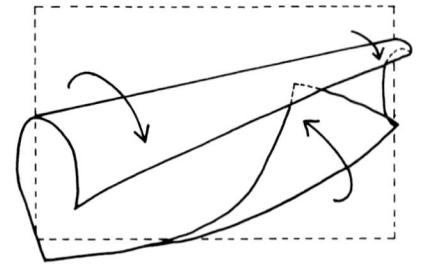

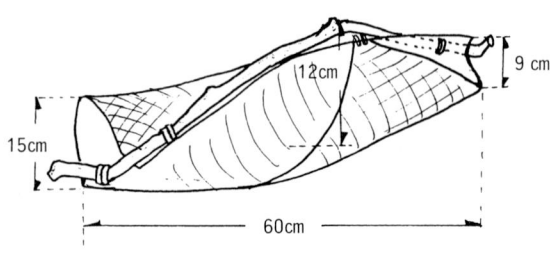

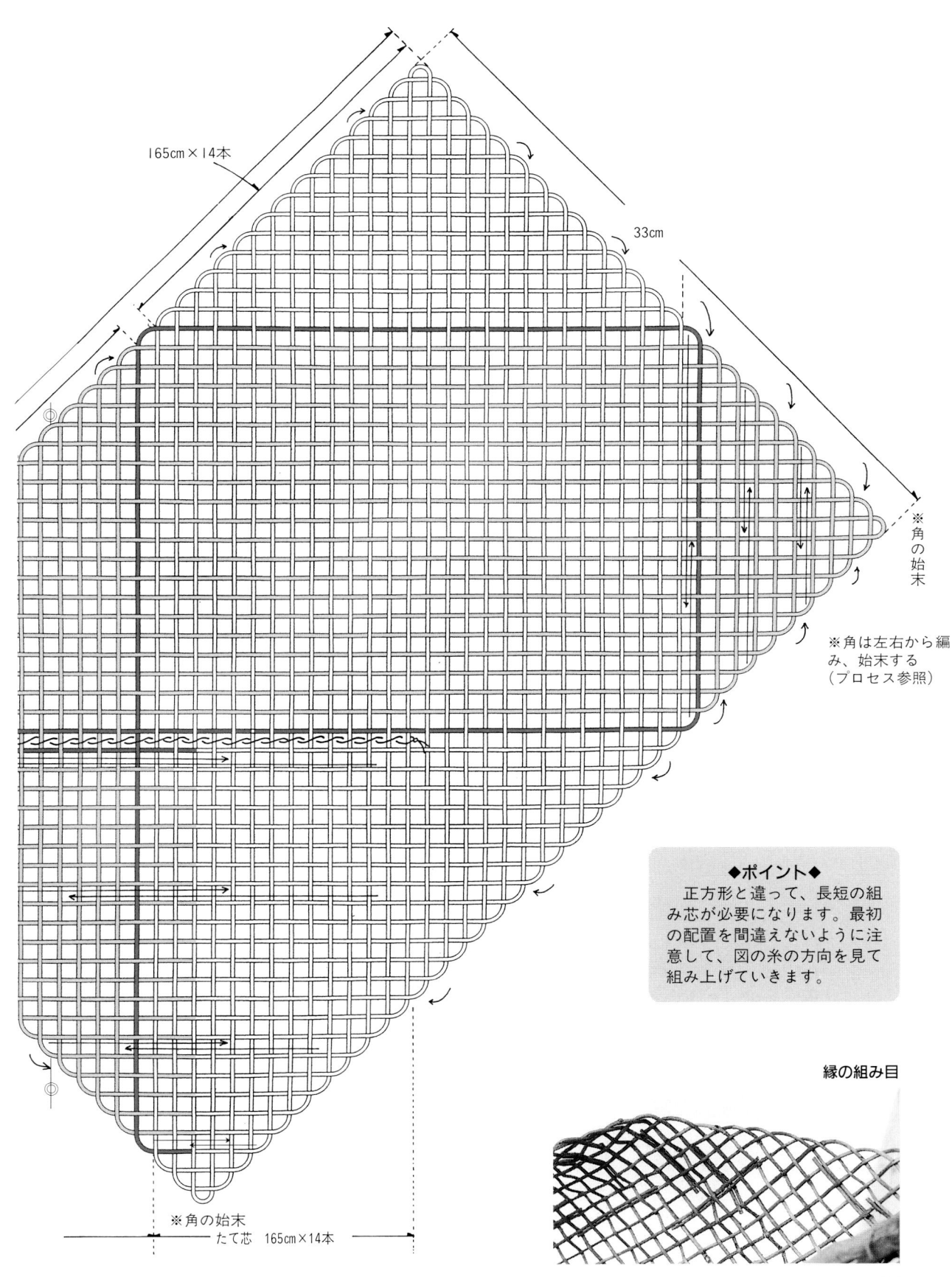

165cm×14本

33cm

※角の始末

※角は左右から編み、始末する（プロセス参照）

◆ポイント◆
正方形と違って、長短の組み芯が必要になります。最初の配置を間違えないように注意して、図の糸の方向を見て組み上げていきます。

縁の組み目

※角の始末
たて芯　165cm×14本

平面に組んで起こすかご（正方形）

44ページプロセス作品

30cm　30cm

山・谷で組み
始める
2本縄編みで
仮止め

幅20cmにたて芯120cm×21本
仮止め位置より下に40cm出す

※角の始末

<組み進む仕組みと組み芯の長さ>

3A

2

1

① 組む方向
②
3A
正方形でき上がり線

約1/3のところを仮止め
このときたて芯は多少
上下にずれても良い

約40cm

3B

最後の3Aと3Bを左右
から始末するとき、重な
る位置をずらす

必要本数
約20cm×21本

たて芯の長さ
約①×6

材料

日本あけび　80g ［たて芯／120cm×21本］
ぶどうづるの枝

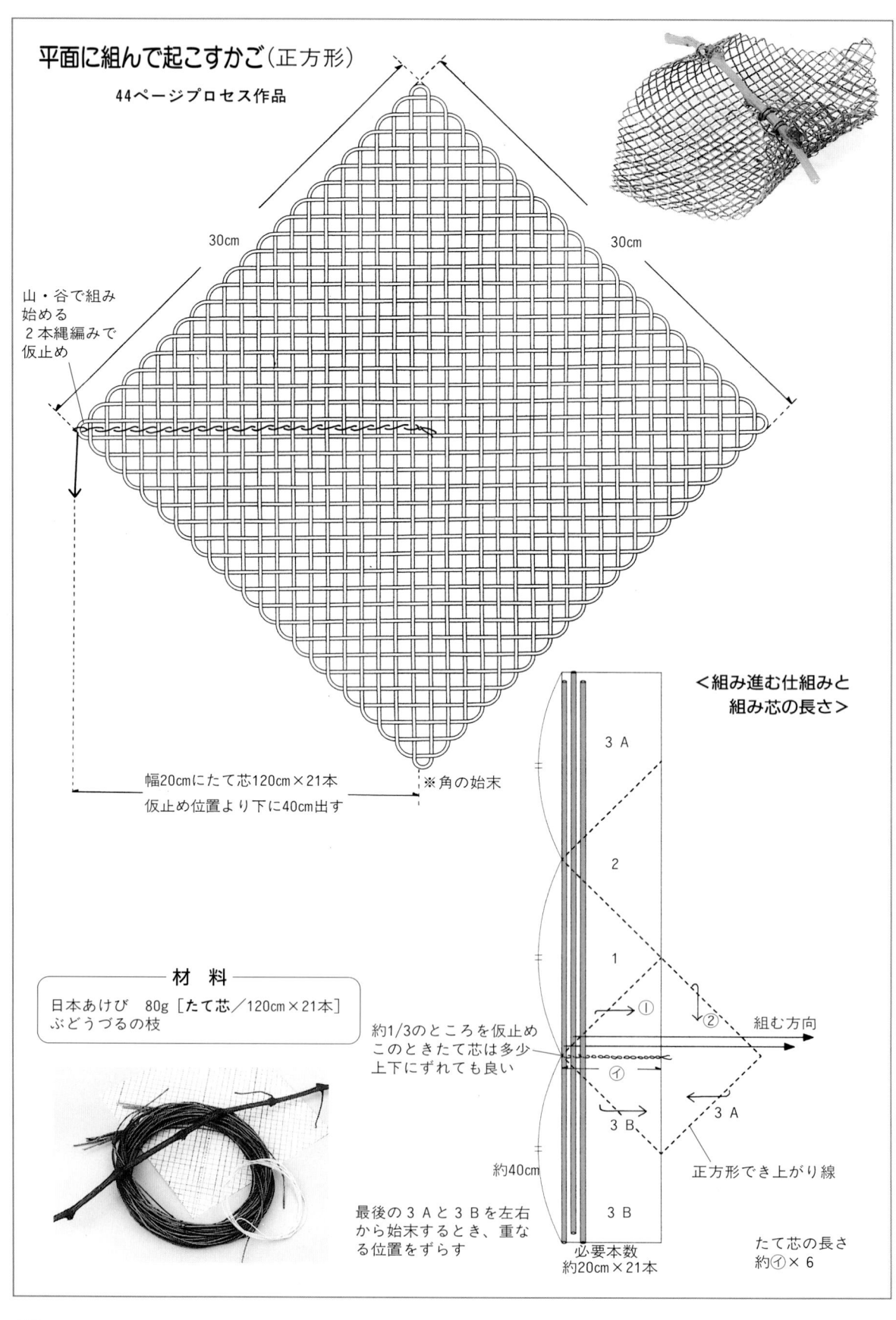

組む
樹の皮のかご

カラー口絵22ページ

山ぶどうの皮を組むように編んだかご。樹の皮の幅の違いが素材の面白さを引き出しています。皮の片端に籐で細工したものを入れてアクセントにしています。

―― 材 料 ――
縦長型
山ぶどうのつるの皮250g　幅1.8㍉の皮むき面取り籐10m
日本あけび30g
丸型
山ぶどうのつるの皮150g　幅1.8㍉の皮むき面取り籐10m
日本あけび30g

■作り方
1 素材を作る
(1)山ぶどうの皮に目打ちで穴をあける。
(2)山ぶどうの皮にあけびを沿わせ、皮むき面取り籐でコイリングしながら穴に通して接続する。

2 型を作る（縦長型のみ）
(1)「みだれ編みの壁面飾り」を参照して型を作る（66ページ参照）。

3 ベースを作る
(1)丸型／山ぶどうの皮約1.8mで幅約25cmのあわじ結びをする。
縦長型／山ぶどうの皮約2.5mで幅約40cmあわじ結びをする。
(2)あわじ結びの始めと終わりのつなぎ目と交点をワイヤーで仮止めする。

4 立体に形作る
(1)立体に起こし、交点をワイヤーで仮止めする。
(2)ガムテープで仮に固定して、山ぶどうの皮や素材でみだれに組む。縦長型は型をはめ込み、底の面を小さく、縦長に形作る。

1 素材を作る
接続／皮むき面取り籐でコイリング／あけびを沿わせる／山ぶどうの皮／1～2cm／目打ちで穴をあける

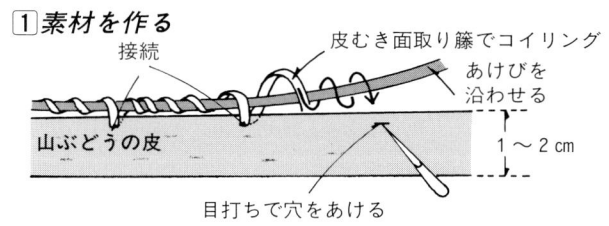

3 ベースを作る（あわじ結び）
仮止めワイヤー

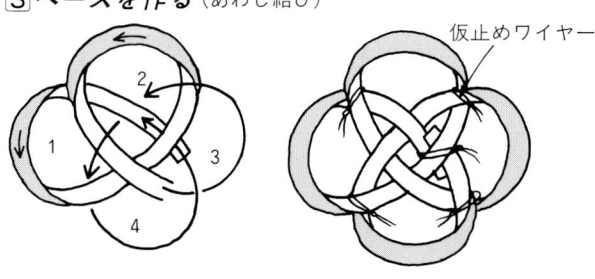

4 立体に形作る
山ぶどうの皮や素材をみだれに組む

◆ポイント◆
樹皮は梅雨時がむきやすく、よく水に浸して柔らかくすると作業しやすくなります。
縦長型はでき上がりを想定して型を作っておきます。立体に起こして型をはめ込み、みだれに組んで形作ります。

縦長型／型をはめ込んで形作る 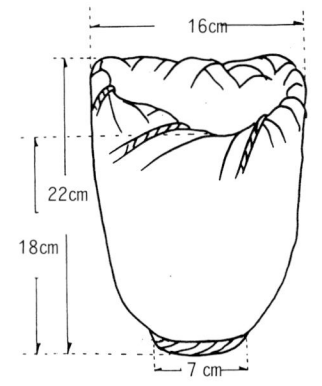
16cm／22cm／18cm／7cm
底に細めの皮でリングを作り、取り付ける

丸型／型を入れずにそのまま起こす
9cm／7cm／8cm／21cm

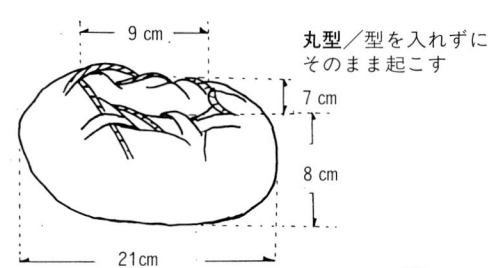

巻く
コイリングの花器

カラー口絵26ページ

　ニトーの芯に、皮むき面取り籐でコイリングします。ニトーは色つやが美しく、素材が生きるように、くねった芯などをバランスよく遊ばせながら自由に形作り、安定してしっかり立つように気をつけます。

── 材　料 ──

芯・巻き材／ニトー250g
巻き材／幅2.5〜5㍉の皮むき面取り籐60g

■作り方
① 底を巻く
(1)ニトー1本を芯にして、皮むき面取り籐で直径約8cmくらいまで巻く。

② 側面を巻く
(1)芯を3〜4本に増やしながら、ニトーの裂いたものや皮むき面取り籐で、前段に接続しながら、高さ26cmくらいまで形作る。

① 底を編む
- 皮むき面取り籐
- ニトー
- 前段に接続

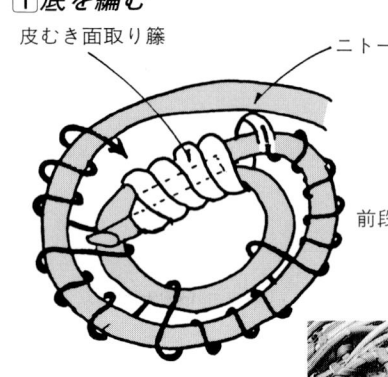

底の巻き目

② 側面を編む
- 側面は芯を3〜4本に増やす
- 巻く部分
- 前段に接続
- 巻かない部分
- 側面
- 底
- 底は芯1本
- 皮むき面取り籐
- ニトー

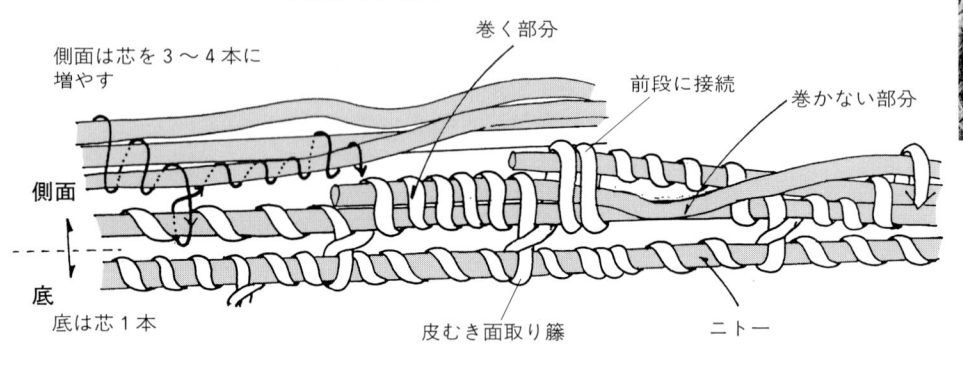

巻き目

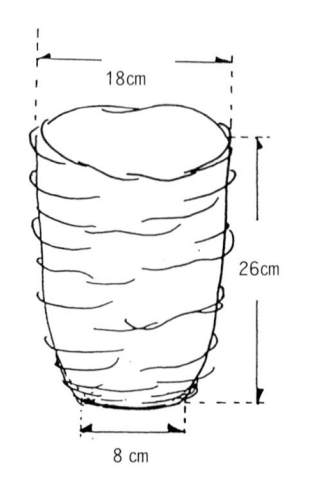

18cm
26cm
8cm

◆ポイント◆
　底の芯は1本ですが、側面は足し芯をして3〜4本に増やし、手に持ってコイリングします。美しい色や、くねって面白い芯は巻かないでおきます。特に面白い芯は、1本だけ遊ばせるように離しておいて4〜5段上に接続したりすると、素材の表情を生かした動きのある仕上がりになります。

巻く

コイリングのオブジェ

カラー口絵27ページ

　ニトーで作った15組のパーツを、裂いたニトーで部分的にコイリングしながらつないで形作ったオブジェ。素材の表情を生かしながら動きを出すようにまとめ、全体が安定するように形を整えます。

── 材　料 ──

ニトー400g　染め皮藤(茶系)50g
仮止め用♯26ワイヤー

■作り方

1 パーツを作る

(1) ニトーを4～5巻きして、上部2か所を♯26ワイヤーで仮止めする。
(2) 同様にしてパーツを15組作る。
(3) 各パーツをそれぞれ、底から1/3～1/2の位置まで、ニトーを裂いたものや染め皮藤で1～2本ずつコイリングする。

2 パーツをつなぐ

(1) 染め皮藤で部分的にコイリングして、パーツ同士をつなぐ。
(2) 底面、側面、上部をバランスよくまとめ、仮止めワイヤーをはずす。
(3) 先端をしごいて表情を出し、長短のバランスをみてからカットする。先端にも所々コイリングする。

1 パーツの骨組みを作る

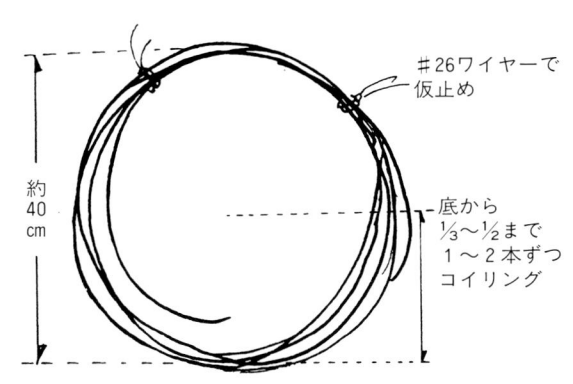

♯26ワイヤーで仮止め
約40cm
底から1/3～1/2まで1～2本ずつコイリング

2 パーツをつなぐ

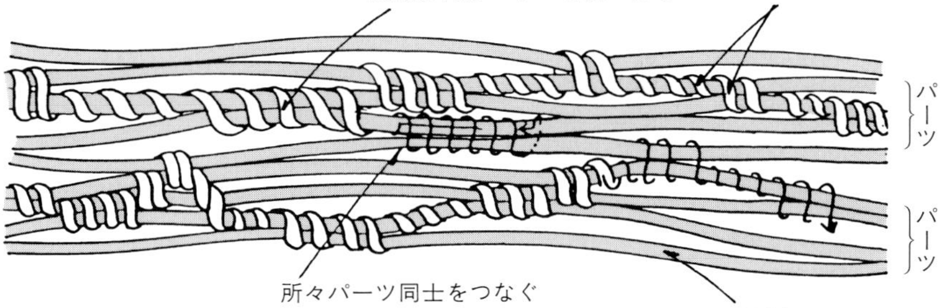

皮藤またはニトーを裂いたもの
1～2本ずつコイリング
所々パーツ同士をつなぐ
ニトー
パーツ
パーツ

側面のコイリング

8 cm
40 cm
22cm

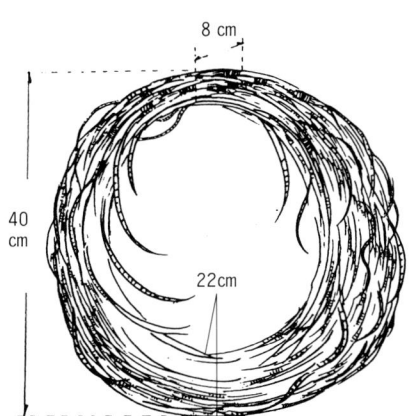

◆ポイント◆
　底面は安定するように平らに、側面から上に向かって数本ずつ束ねてコイリングし、上部は余分な部分をカットして幅を狭くまとめます。ニトーの先端は表情をつけて動きを出します。

85

巻く

小枝の一輪挿し
カラー口絵28ページ

みの虫さんからヒントを得ました。素材を編みながら前段に所々接続して構成する、編むと巻くの複合的なテクニックです。

── **材　料** ──

［Ｉ］皮むきのバゴバゴ50g ［**たて芯／3m×3本**］　小枝
［Ⅱ］直径2〜3㍉のあけび50g ［**たて芯／3m×3本**］
幅2㍉の皮藤10m〜15m　小枝

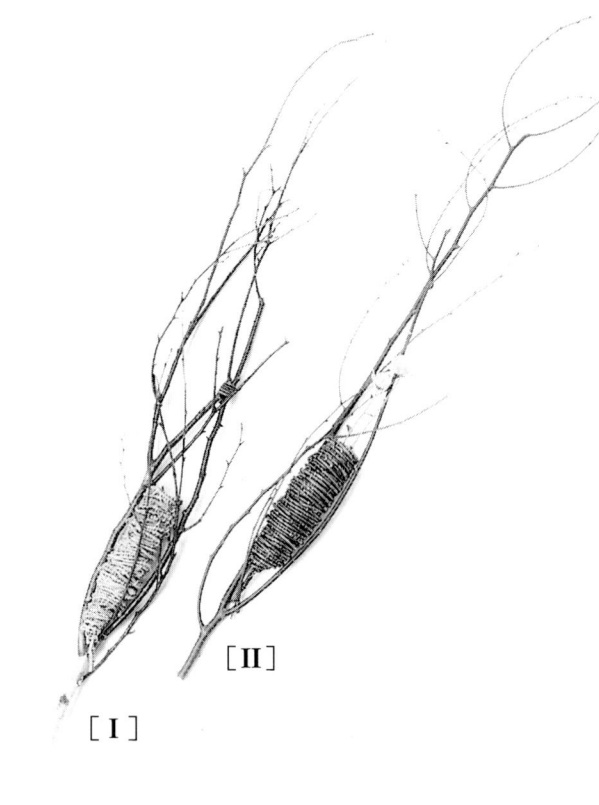

■作り方 ［Ｉ］

①編み始め
(1)たて芯3本を4〜5巻きして山・谷、山・谷と円筒状に約3cm編む。

②じょうご型に形作る
(1)帯状に編んだり巻いたりしながら前段と接続し、巻き進める。
(2)節のあるつるや、くねったものを差し込んで飾る。
(3)口の始末は3本のたて芯をひとつにまとめて巻き、前段にとじ付けて巻き終わる。

③枝に取り付ける
(1)ワイヤーにフローラテープを巻いたもので、木の枝に取り付ける。

［Ⅱ］

［Ｉ］

①帯状の編み始め

帯状に編む
山谷に編む
約3cm 筒状に編む
編み始め
たて芯3本

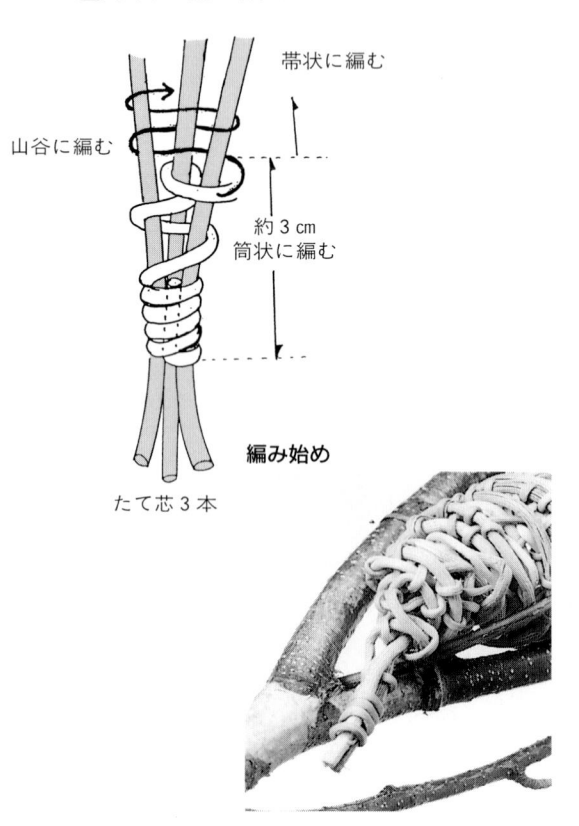

■前段との接続
たて芯3本の内1本にくるくると巻きながら編み、ときどき前の段の1本に巻きつけて接続する

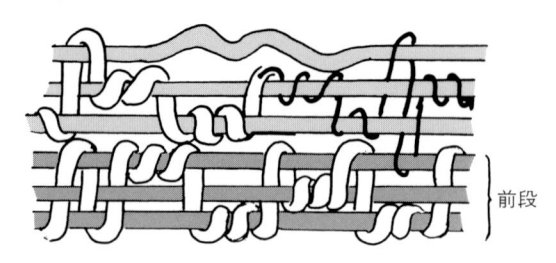

前段

［Ⅱ］あけびをたて芯にして皮藤で編みながら巻きます。作り方は同様です。
（編み目／カラー口絵30ページ参照）

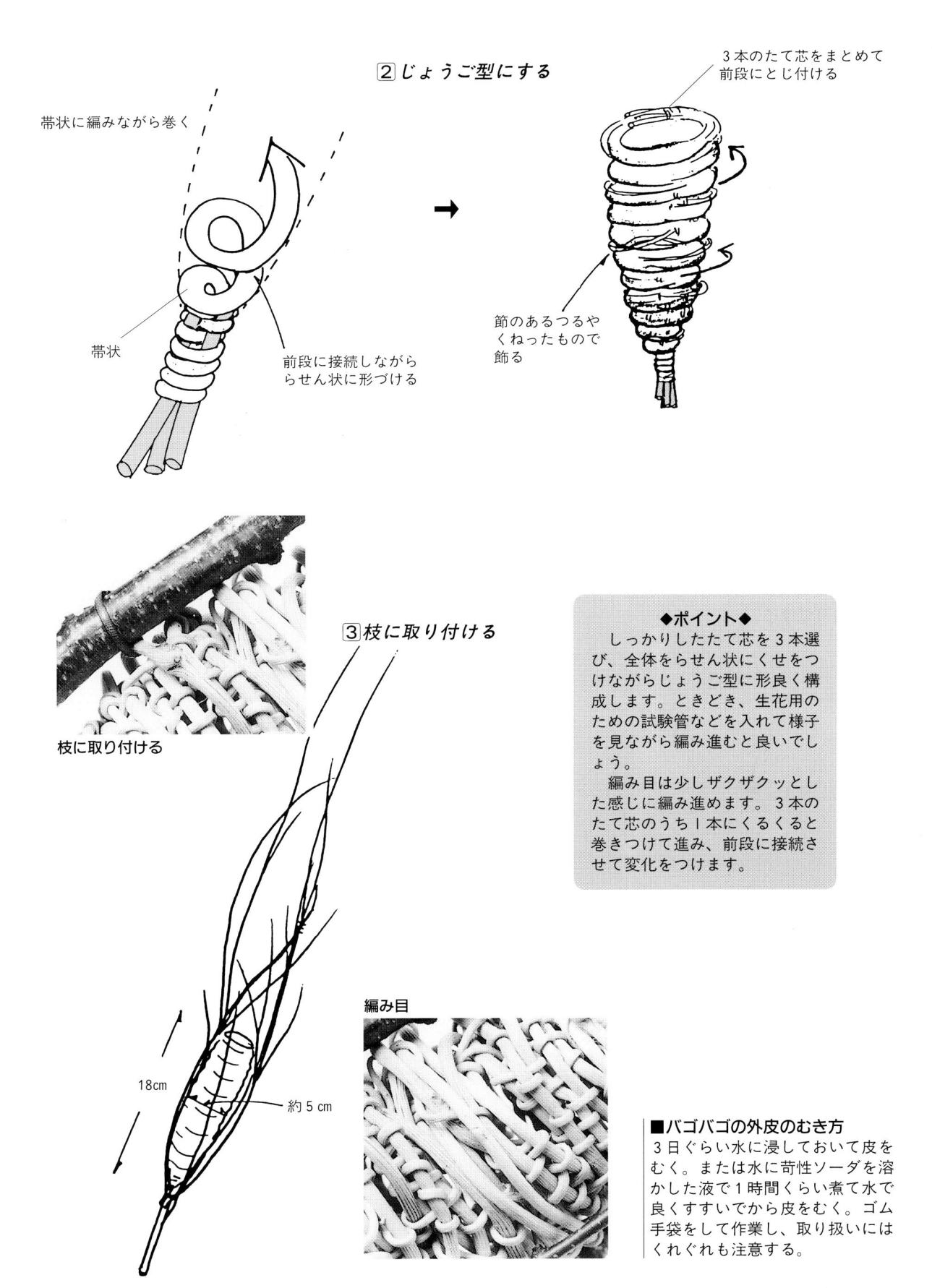

2 じょうご型にする

帯状に編みながら巻く

帯状

前段に接続しながららせん状に形づける

3本のたて芯をまとめて前段にとじ付ける

節のあるつるやくねったもので飾る

3 枝に取り付ける

枝に取り付ける

18cm

約5cm

編み目

◆ポイント◆

しっかりしたたて芯を3本選び、全体をらせん状にくせをつけながらじょうご型に形良く構成します。ときどき、生花用のための試験管などを入れて様子を見ながら編み進むと良いでしょう。

編み目は少しザクザクッとした感じに編み進めます。3本のたて芯のうち1本にくるくると巻きつけて進み、前段に接続させて変化をつけます。

■バゴバゴの外皮のむき方

3日ぐらい水に浸しておいて皮をむく。または水に苛性ソーダを溶かした液で1時間くらい煮て水で良くすすいでから皮をむく。ゴム手袋をして作業し、取り扱いにはくれぐれも注意する。

巻く
コイリングのかご

カラー口絵29ページ

プロセス46ページ「コイリングのかご」を参照して作ります。

かご（丸型）

材料
芯／バゴバゴ250g
巻き材／染め背引きの皮籐（薄挽き・モスグリーン）60g

■作り方

1 底を巻く
(1) バゴバゴ1～2本を芯にして皮籐で巻き始める。
(2) 2周目から芯を足して太くしながら、前段に接続して巻き進める。
(3) 2本の皮籐で柄を出しながらコイリングする。

2 側面を巻き、口の始末をする

直径約10cmくらいまで底を巻く。少しずつ直径を広げながら立ち上げ、高さ約10cmくらいまで柄を出しながら巻く

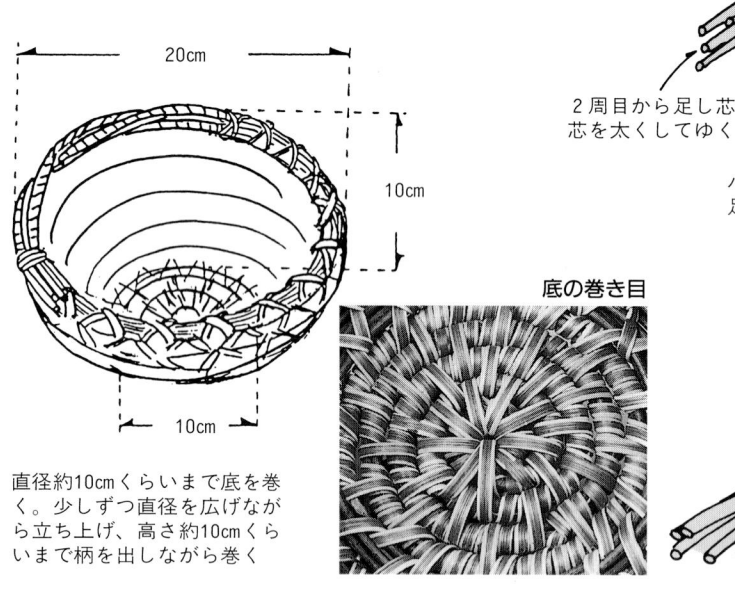

1 底を巻く（丸型の底）

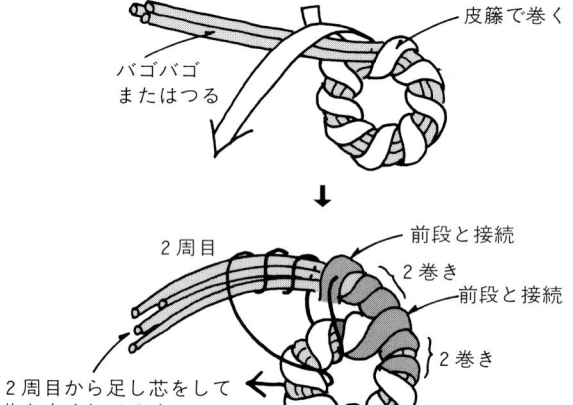

- 巻き始め
- 皮籐で巻く
- バゴバゴまたはつる

- 2周目
- 前段と接続
- 2巻き
- 前段と接続
- 2巻き

2周目から足し芯をして芯を太くしてゆく

バゴバゴ／芯は1～2本から巻き始め、足し芯をして7～8本くらいに増やす

底の巻き目

＜柄に入る前のコイリング＞
前の段に接続しながら巻く

2 側面を巻き口の始末をする

＜V字柄の出し方＞
① コイリングの束の上1/3くらいをすくう
② ①の反対方向から追いかけてコイリング
束の上の部分でクロスする

＜口の始末＞
2～3束に分けてコイリング最後にまとめる

皿（丸型）

材　料

芯／直径2.75㍉の染め丸芯（グレー）250g
巻き材／染め背引きの皮藤（薄挽き・茶）60g

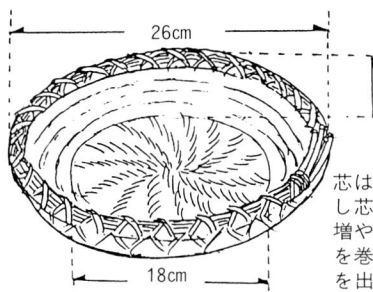

芯は3～4本から巻き始め、足し芯をして11～12本ぐらいまで増やす。直径18cmくらいまで底を巻き、でき上がり寸法まで柄を出しながら巻く

底の巻き目

■コイリング

　アメリカ（シェラネバダ辺り）やアフリカで多く使われている伝統的なテクニックを応用したものです。
　アジアモンスーン地帯の豊富な素材がある所と違って、素材が草のようなものだと、マッスにして使わなければ丈夫なものが作れないことから、コイリングというテクニックが使われてきたのでしょう。
　巻かれる芯は自在に束ねて持ち、その太さも選択できるし、巻く材料も細い糸のようなものからラフな素材まで使えますから、でき上がる作品も繊細なものからダイナミックなものまで、その表情は様々です。

コイリングのかご（楕円型）

46ページプロセス作品

材　料

芯／バゴバゴ250g
巻き材／染め背引きの皮藤（薄挽き・モスグリーン）60g

でき上がり寸法
縦16cm×横28cm×高さ7cm

底の巻き目

ビンを飾る

カラー口絵12・13ページ

可愛いビンをみつけたので、バスケタリーをしてみました。チョットおしゃれに変身…。

[Ⅰ]素材を作り、両側のワイヤーをつないで輪にしたものを二重にして、ビンにかぶせて飾りました。

[Ⅰ]

からむしを縄状にしたもの

#24ワイヤーにフローラテープを巻いたもの 1m×2本

1.5cm

ワイヤーを1本抜く

自然によじれるので形よく手直しする

材料
#24ワイヤーにフローラテープを巻いたもの 1m×2本
からむしの縄 約10m

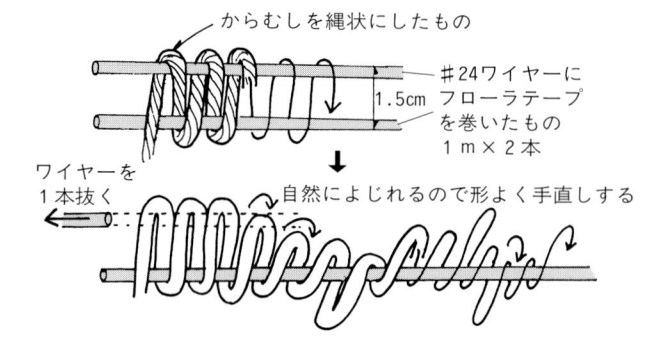

■素材の作り方
ワイヤー2本の内1本をハサミで切って引き抜く

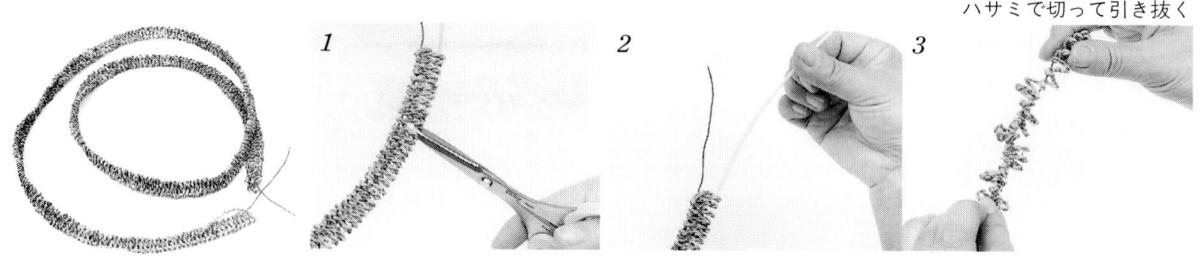

1　2　3

[Ⅱ]

材料
からむしの縄 95cm

[Ⅱ]からむしの縄を#24ワイヤーにくるくる巻いた素材で、片側を輪にして、かた結びしました。

■からむしの縄
からむしは麻の一種で苧麻とも呼ばれ、糸にしやすいため有史以前から衣服の材料として使われてきたものです。その繊維を縄に綯ったものを見つけたので、#24ワイヤーにくるくると巻きつけました。

[III] たて芯に日本あけびで2本縄編みをし、透き間に、くるみの皮を編み込みました。

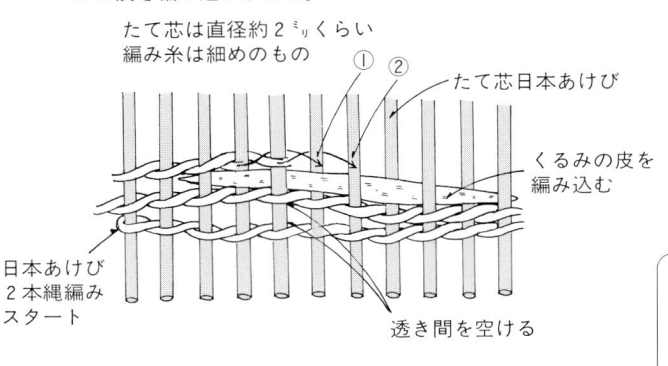

たて芯は直径約2ミリくらい
編み糸は細めのもの
① ②
たて芯日本あけび
くるみの皮を編み込む
日本あけび2本縄編みスタート
透き間を空ける

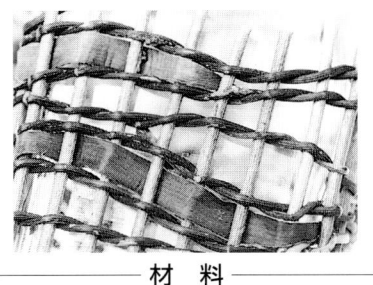

材料
日本あけび20g
[たて芯／直径約2ミリのもの 8cm×29本]
[編み糸／細めのもの]
テープ状のくるみの皮約35cm

[IV] たて芯に、2本縄編みと2本縄編みのうちの1本を指にからめながらコイリングしたものを交互に繰り返して飾りました。

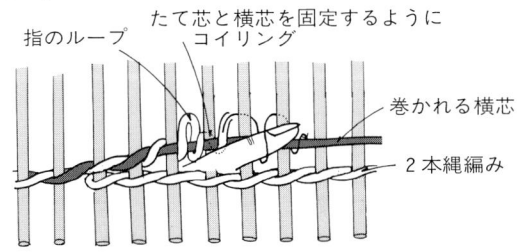

指のループ
たて芯と横芯を固定するようにコイリング
巻かれる横芯
2本縄編み

①たて芯を2本縄編みで一周してビンに固定する
②2本縄編みの1本を横芯にし、もう1本でたて芯と横芯を固定するように指のループ飾りも入れてコイリングしていく
③①と②を交互に3組、繰り返す

材料
日本あけび30g
[たて芯／7cm×20本]

[V・VI] たて芯と横芯はあけび、これに平材を結んで飾りました。たて芯は、各種のつる、小枝が利用できますが、結び材は柔らかな素材が良いでしょう。

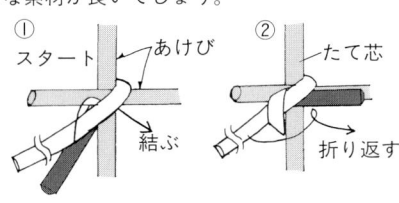

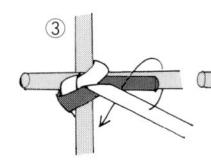

① スタート あけび
② たて芯 結ぶ 折り返す
③ 横芯にひと結びする。たて芯の間隔の狭いときは⑤のように結ぶ
④ 表を見ながら引く
⑤ たて芯、横芯にかけて結ぶ
⑥ 引く
⑦ 終わり 強く引いて切る

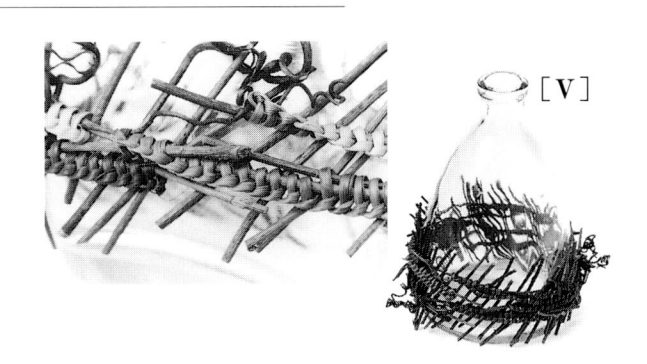

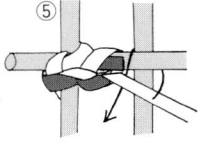

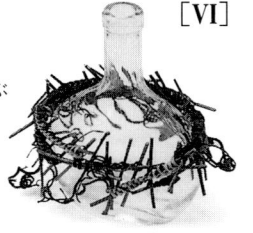

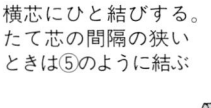

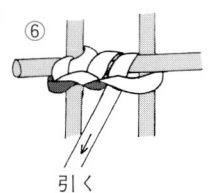

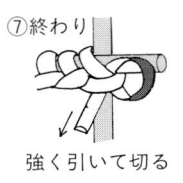

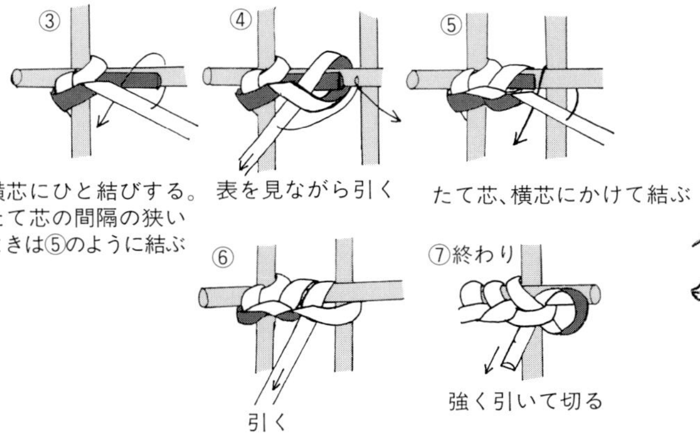

材料
[V] たて芯／あけび・ぶどうづる
10cm×約50本（円周39cm）
結び材／幅3.3ミリの平材約3m
[VI] たて芯／あけび・ぶどうづる
10cm×約28本
結び材／幅2.5ミリの面取り籐 約3m

作品解説

芭蕉を使ったかご

カラー口絵1ページ

編みながら巻くという技法です。特殊な編み方に見えますが、幅の広い素材と細い素材の縄編みと考えても良いでしょう。

― 材　料 ―
芭蕉の皮　バゴバゴ　♯26ワイヤー

■作り方

バゴバゴのたて芯に、2種類の編み糸で縄編みをするように編んでいきます。

<2種類の編み糸>

幅の広い素材／半芯に外芭蕉を巻いたもの
細い素材／ワイヤーに皮芭蕉を巻いたもの

編み目

でき上がり寸法
縦20cm×横18cm

■芭　蕉

バナナの木と見分けがつきにくく、アメリカではバナナファイバーと呼ばれています。日本では沖縄が主な産地ですが、東南アジアから入ってくるものもあります。麻より、つつましい光沢があって、その編み目には美しい表情があります。

<各部分の名称>

糸芭蕉／芯に近く、良質な繊維がとれる部分
皮芭蕉／糸芭蕉の外側の部分
外芭蕉／皮芭蕉の更に外側の部分

■芭蕉の皮を剝ぐ

先端を1～1.5mの長さで切り落とす。先端を下にして立て、小刀で表から順に1枚ずつ皮を剝ぐ。

竹の根のレリーフ

カラー口絵 6 ページ

　竹の根が手に入らない場合は、他の素材でも良いでしょう。紅藤や小枝、編み糸は竹の皮やひも状のもの、染め丸芯なども使えます。
　この作品は、編まれていない部分もとても美しく、この部分の配列がポイントになっています。

材料
竹の根　直径1.5㍉の丸芯
幅3.5㍉の背引き皮藤　麻ひも

■作り方

　5㍉間隔の横線を引いた型紙を作り、その上に竹の根を並べます。間隔や、上下の出し方は好みで良いでしょう。竹の根に1.5㍉丸芯を通して竹の根をつなぎます。縦方向に背引き皮藤や麻ひもを使って、竹の根の間を編んでいきます。
　竹の根はひげ根をカットして、良く水洗いしてから使います。

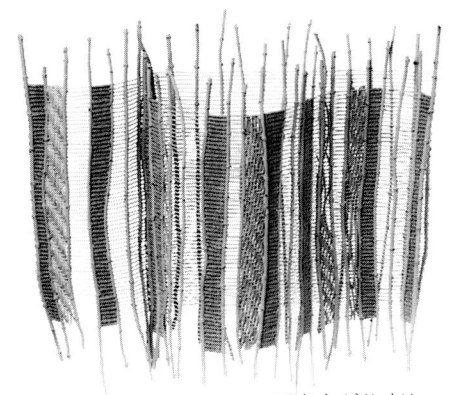

でき上がり寸法
縦50cm×横46cm

編み目

長い織物

目　次

　織物の作り方は大小にかかわらず56ページ「木の枝のタペストリー」と同様にしますが、このように丈の長いものは市販のボードでは寸法が足りません。木材等を組み立てて枠を作り、クギを打ってたて糸を張ります。このようにすると、大きな織り機がなくても大きな作品を作ることができます。

材料
麻ひも　直径1.5㍉の染め丸芯

■作り方

　市販の麻ひもをたて糸にして、染色した横糸を重ねながら織り込んでいきます。網代模様に編んでいきますが、横糸の美しさを強調するために、たて糸の上に横糸をのせる方が多い編み方です。横糸は1本取りでも2～3本取りでも良く、色を楽しみながら織っていきます。

部分拡大

■網代模様
横糸が前段と少しずつずれていく編み方で、2000年以上の歴史があります。

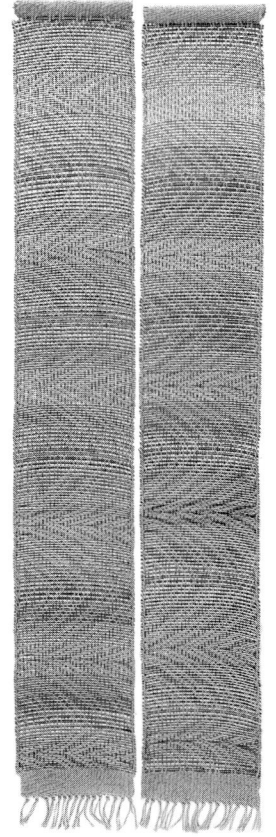

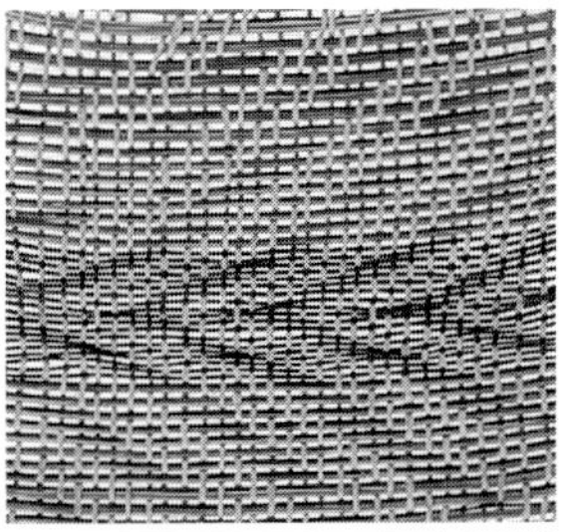

真木雅子ラタンアートスクール教室のご案内

◆ 本　　部　東京都小金井市本町2-6-12ライベスト武蔵小金井105　TEL042-381-0830　FAX042-381-0831
◆ 直営教室　横浜、市川、柏、大宮、宇都宮、名古屋、大阪、新宿三越レディースクラブ、ＮＨＫ文化センター（青山、光ヶ丘、横浜、八王子、柏、川越、名古屋、松山、札幌、帯広、庄内、山形、仙台）、サンケイリビング（柏、滋賀）、名古屋中日文化センター（今池）、読売日本テレビ文化センター（大宮、町田、宇都宮、水戸、梅田、京葉）、神戸新聞文化センターＫＣＣ（神戸ハーバーランド、加古川、姫路、舞子）、朝日カルチャーセンター（下関、小倉、川西）、京都新聞文化センター本社教室

北海道・東北			
札　幌　市	安達ひで子	011-824-0782	
	清水ひで子	011-376-3513	
	原田明美	018-837-3785	
盛　岡　市	杉田敏子	0196-22-6832	
水　沢　市	梁川みつ	0197-24-0522	
仙　台　市	三田雅子	022-272-0133	
	原田明美	018-837-3785	
秋　田　市	原田明美	018-837-3785	
山　形　市	菅　常子	023-684-5412	
鶴　岡　市	斉藤かおる	0235-24-6415	
天　童　市	菅　常子	023-684-5412	
福　島　市	丹治知子	0245-48-4243	
茨城県			
水　戸　市	磯前弘子	0292-63-1473	
日　立　市	磯前弘子	0292-63-1473	
ひたちなか市	磯前弘子	0292-63-1473	
真　壁　郡	笠原香織	0288-21-5488	
栃木県			
宇　都　宮　市	岩渕美代子	028-667-5696	
	鮎名　恵	028-672-1967	
	佐藤京子	028-656-0575	
	竹内広子	028-656-0363	
	益子真理子	0282-23-5013	
	鱒渕春子	028-656-5995	
	吉澤澄子	028-661-3211	
今　市　市	菊池美枝子	0288-53-2610	
大　田　原　市	須田孝子	0287-29-1813	
鹿　沼　市	鈴木典子	0289-65-7877	
	原田弘子	0282-31-2047	
黒　磯　市	須田孝子	0287-29-1813	
栃　木　市	鱒渕春子	028-656-5995	
栃　木　市	渡辺絢子	0282-23-4639	
日　光　市	鮎名　恵	028-672-1967	
	菊池美枝子	0288-53-2610	
	鱒渕春子	028-656-5995	
真　岡　市	深野勝見	0285-82-2396	
矢　板　市	落合辰子	0287-43-3797	
河　内　郡	印南真弓	028-682-4313	
	鮎名　恵	028-672-1967	
	深野勝見	0285-82-2396	
塩　谷　郡	高橋幸子	0287-48-1025	
群馬県			
前　橋　市	狩野和子	0272-51-8659	
桐　生　市	野村ナナ子	0277-52-0864	
高　崎　市	今井明美	027-371-1017	
	狩野和子	0272-51-8659	
埼玉県			
さいたま市	桜井勝子	048-666-6506	
	春山房江	0482-96-4179	
	星野美千代	048-858-0675	
	矢作悦子	048-854-2088	
	大野ゆり子	048-686-8150	
さいたま市	金子由紀子	048-651-3755	
	木口典子	0426-24-4603	
	斉藤喜美子	048-721-3611	
上　尾　市	木口典子	0426-24-4603	
	近藤紀子	048-721-5476	
	斉藤喜美子	048-721-3611	
朝　霞　市	市川弘江	0492-84-5780	
岩　槻　市	武藤初枝	048-756-2969	
春　日　部　市	南雲葉子	048-737-6875	
川　口　市	春山房江	0482-96-4179	
川　越　市	宮本恵子	0492-25-6927	
久　喜　市	金子由紀子	048-651-3755	
鴻　巣　市	近藤紀子	048-721-5476	
越　谷　市	岡沢ミツ江	048-977-1600	
	南雲葉子	048-737-6875	
草　加　市	大野ゆり子	048-686-8150	
	斉藤和子	0489-87-5452	
所　沢　市	市川弘江	0492-84-5780	
戸　田　市	春山房江	0482-96-4179	
新　座　市	福田光古	0422-31-8435	
蓮　田　市	斉藤喜美子	048-721-3611	
羽　生　市	岩崎邦子	048-565-1009	
吉　川　市	岡沢ミツ江	048-977-1600	
北　足　立　郡	斉藤喜美子	048-721-3611	
北　葛　飾　郡	鈴木美枝子	0480-38-3230	
比　企　郡	大野ゆり子	048-686-8150	
南　埼　玉　郡	斉藤喜美子	048-721-3611	
千葉県			
千　葉　市	松野晶子	043-279-4641	
我　孫　子　市	椎名洋子	0471-88-1565	
	真木千恵子	0471-88-5140	
市　川　市	田中玲子	047-332-2807	
	原　由美	047-339-1249	
市　原　市	松野晶子	043-279-4641	
柏　　　市	椎名洋子	0471-88-1565	
鎌　ヶ　谷　市	冨田恵美子	047-463-3554	
佐　倉　市	篠原ヒサ子	043-496-5579	
流　山　市	臼井恵子	0471-24-0183	
	大村美枝子	0471-59-3774	
成　田　市	高澤京子	047-445-6172	
野　田　市	大村美枝子	0471-59-3774	
東　葛　飾　郡	久保和美	0471-91-2643	
東京都			
板　橋　区	勝木千恵子	045-331-7450	
大　田　区	大倉雪恵	0422-47-1619	
	加納由美子	03-3741-6979	
北　　　区	春山房江	0482-96-4179	
新　宿　区	高橋方子	0422-21-3487	
杉　並　区	小嶋公子	03-3392-2087	
世　田　谷　区	杉本昭子	03-5450-0228	
千　代　田　区	原澤紀子	0422-34-0594	
中　野　区	森谷潤子	03-3338-1088	
練　馬　区	佐土原洋子	03-3999-5418	

地域	区/市	氏名	電話番号
練馬区		脇 照子	03-5393-6078
文京区		脇 照子	03-5393-6078
目黒区		大倉雪恵	0422-47-1619
昭島市		山口美恵子	042-772-2400
小金井市		戸塚久美子	042-381-4277
		豊野谷正子	0422-31-0670
		原澤紀子	0422-34-0594
国分寺市		大倉雪恵	0422-47-1619
狛江市		石崎豊子	044-922-6316
調布市		大倉雪恵	0422-47-1619
立川市		肥沼和子	0425-31-8033
八王子市		木口典子	0426-24-4603
		大藤陽子	0426-65-3061
東村山市		木口典子	0426-24-4603
羽村市		中野洋子	042-555-9035
日野市		鈴木七重	0425-91-2272
府中市		成田由美子	0423-68-6141
		矢萩フミ子	042-572-9562
		山川美穂子	042-355-3020
		山口美恵子	042-772-2400
福生市		高梨冨貴子	042-551-2090
町田市		内田直子	045-922-0473
三鷹市		大倉雪恵	0422-47-1619
		久保田巴	0422-46-1658
		福田光古	0422-31-8435
武蔵野市		高橋方子	0422-21-3487

神奈川県

市	区	氏名	電話番号
横浜市	青葉区	菊地友理恵	045-978-4177
	旭区	辻 洋子	045-433-0515
	磯子区	鈴木悦子	045-771-0898
	金沢区	今 育子	045-713-8328
	港北区	飯田賀子	045-401-2750
		内田直子	045-922-0473
	瀬谷区	斉藤みどり	045-365-4887
	都筑区	遠藤美智子	045-942-9386
		米川和子	045-934-1514
	鶴見区	金弥和子	045-575-1455
	西区	辻 洋子	045-433-0515
	緑区	米川和子	045-934-1514
厚木市		内田直子	045-922-0473
伊勢原市		松田芳枝	045-332-2553
小田原市		南雲葉子	054-620-0134
鎌倉市		鈴木悦子	045-771-0898
川崎市		石崎豊子	044-922-6316
		山口美恵子	042-772-2400
相模原市		内田直子	045-922-0473
		山口美恵子	042-772-2400
茅ヶ崎市		鈴木悦子	045-771-0898

山梨県

甲府市	石原好子	055-253-9223
東八代郡	山口光子	0552-23-1242
南巨摩郡	望月富恵	0556-42-2615

長野県

松本市	上條美恵子	0263-27-1836
	坂井穂美子	0263-58-6539
	田村佐喜子	0263-35-5126
	山田敏子	0263-36-2193
北安曇郡	山田敏子	0263-36-2193
	坂井穂美子	0263-58-6539
東筑摩郡	鶴見明代	0263-73-7532
	山田敏子	0263-36-2193
南安曇郡	鶴見明代	0263-73-7532
南安曇郡	山田敏子	0263-36-2193

岐阜県

各務原市	平田ふく	0583-84-4372
可児市	五島貴子	0574-64-0352

静岡県

御殿場市	野田静子	0559-92-4375
焼津市	南雲葉子	054-620-0134
駿東郡	田代たつ江	0550-76-0134

愛知県

市	区	氏名	電話番号
名古屋市	北区	原美恵子	0572-24-4363
	千種区	国枝登世子	052-741-5986
	天白区	神谷喜登子	05613-9-2265
		坂井田美佐子	052-878-1731
	中川区	坂井田美佐子	052-878-1731
		宮崎正枝	052-431-6333
	緑区	坂井田美佐子	052-878-1731
	名東区	神谷喜登子	05613-9-2265
	守山区	神谷喜登子	05613-9-2265
春日井市		水野智子	0568-83-9355
蒲郡市		竹内志津子	0533-69-9746
小牧市		原美恵子	0572-24-4363
愛知郡		天神利子	0561-62-1817
海部郡		井出かほる	0567-65-4874

三重県

鈴鹿市	野村さよ子	0593-78-0526
四日市市	豊田かつ子	0593-37-2425

滋賀県

大津市	岡田優子	077-522-5274
	田中晴野	077-543-1627
甲賀郡	仲多嘉子	0748-86-2187

京都府

京都市	左京区	田中晴野	077-543-1627
	中京区	田中晴野	077-543-1627
	伏見区	小原としゑ	0774-22-6285
宇治市		小原としゑ	0774-22-6285

大阪府

大阪市	高嶋恭子	06-6389-5870
	三浦博子	0721-24-6980
吹田市	高嶋恭子	06-6389-5870
高槻市	幡中とめ子	0726-88-3001
藤井寺市	三浦博子	0721-24-6980

兵庫県

神戸市	鐘ヶ江総代	07946-3-3959
	神államは治美	078-531-4431
尼崎市	柏木三枝	078-781-0325
小野市	鐘ヶ江総代	07946-3-3959
加古川市	鐘ヶ江総代	07946-3-3959
西脇市	森脇康子	0795-22-4006
姫路市	鐘ヶ江総代	07946-3-3959

奈良県

奈良市	松田かよ子	0742-71-8773
生駒市	岡田国子	0743-76-5056

中国・四国・九州

広島市	佐伯区	迫 咲枝	082-928-0744
	東区	村瀬弘子	082-271-3650
	西区	村瀬弘子	082-271-3650
下関市		中野和子	0832-52-1220
松山市		小野捷江	0899-47-3093
北九州市		岩名綾子	093-962-0660
		庄司喜美子	093-472-4799

著者紹介

真木　雅子
（まき・まさこ）

1936年	東京に生まれる
1967年	籐素材に出会い、その可能性に魅せられて制作研究を始める
1970年	ラタンアートスクールを開催・主宰
1975年	フランス工芸学校クレアーでデザインを学び、その後、後進の指導に力を入れる
…中略…	
1990年	各地にて個展・グループ展を開催すると同時に国際掌中新立体造形展等の公募展に参加、また、象印、グリコ等企業のデザインを手がける他、イッセイミヤケパリコレクションの帽子制作を担当する
1995年	ソニーファミリークラブのビデオによる講座の担当を開始
…中略…	
1998年 5月	アメリカバーモント州ストーにてワークショップを行う
9月	NHKおしゃれ工房に出演、同フェスティバルに参加
11月	ニューヨークにて新井淳一氏、シーラフィクス氏、真木千秋（長女）、真木香（次女）他と共にグループ展を開催する
1999年 2月	ニューヨークタイムズに取り上げられる
4月	「バスケタリージャパン'99」展開催
5月	真木テキスタイルギャラリーにて個展開催
2000年 2月	仙台、9月東京、11月名古屋にてNHKフェスティバルに参加
5月	玉川高島屋にて「親子展」開催
6月	池袋芸術劇場展示ギャラリーにて「"真木雅子"とその仲間達」展を開催
9月	ソニーファミリークラブ　第3回『暮らしの籠』手作りの会発売
2001年 6月	池袋芸術劇場展示ギャラリーにて「バスケタリージャパン2001」展開催

＜制作協力＞
泉　　明子・伊藤　広子
岡安　康子・金子由紀子
小林　陽子・椎名　洋子
柴崎眞由美・庄司喜美子
清水　裕子・杉本　昭子
苑田都視子・脇　　照子
渡辺みのり

■著書

籐工芸・続籐工芸・籐の花たち・12カ月のバスケット／マコー社刊
やさしい籐手芸／雄鶏社刊
籠-BASKETS／講談社刊
バスケタリー／NHK出版刊

本書掲載の写真、カットの無断転載、製作販売をお断りします。

つる・木の枝・樹皮で楽しむ
自然素材のバスケタリー

著　者	真木雅子（まき・まさこ）　©2001 Masako Maki
発行者	田波清治
発行所	株式会社マコー社
	〒113-0033　東京都文京区本郷4-13-7
	TEL　東京(03)3813-8331（代表）
	FAX　東京(03)3813-8333
	郵便振替／00190-9-78826
印刷所	大日本印刷株式会社

macaw

平成13年6月17日初版発行

定価はカバーに表示してあります。落丁・乱丁その他不良の品は弊社でお取り替えいたします。
ISBN4-8377-0201-5